à la
di Stasio

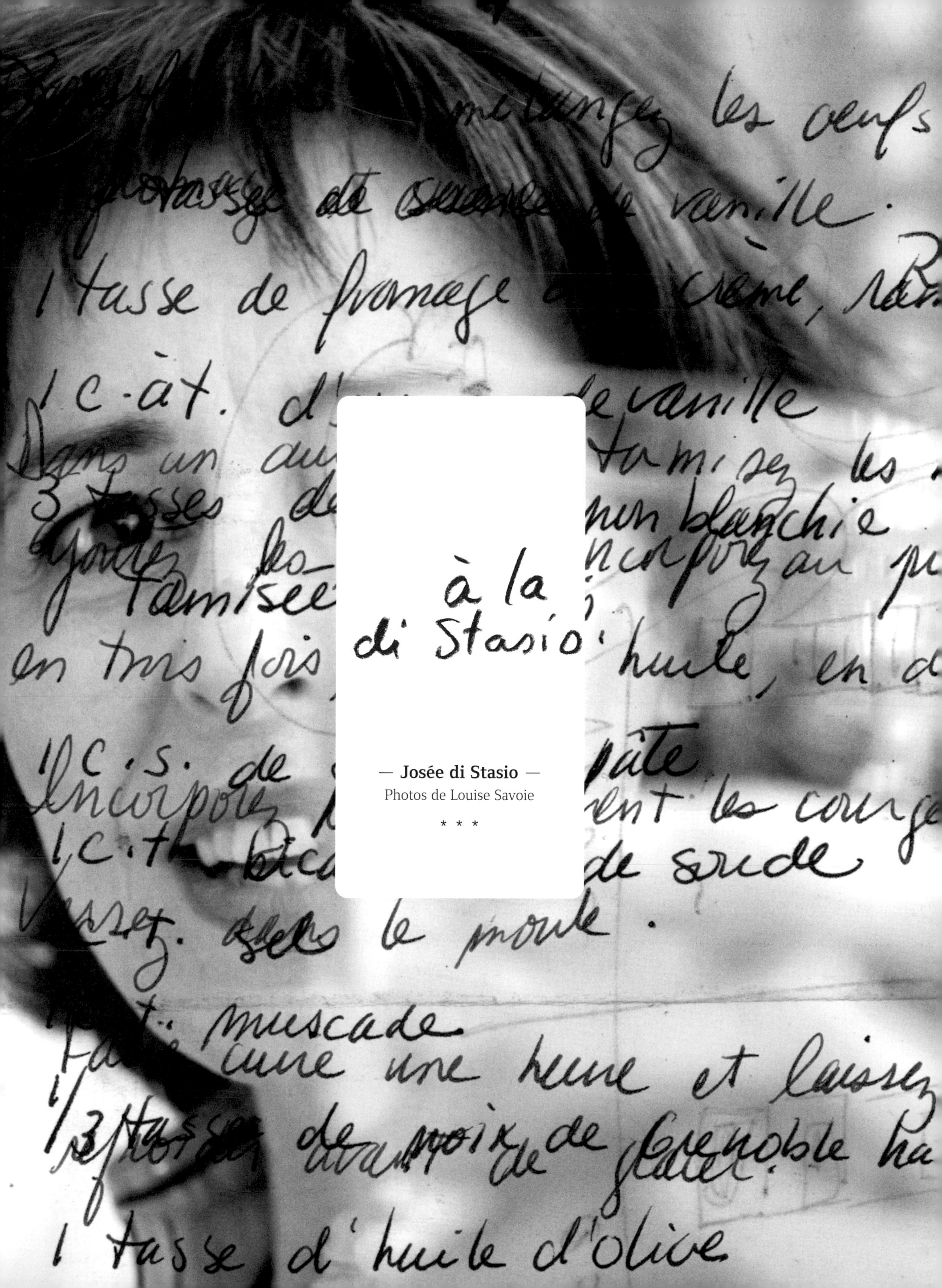

à la di Stasio

— **Josée di Stasio** —

Photos de Louise Savoie

* * *

Catalogage avant publication de la Bibliothèque nationale du Canada

Di Stasio, Josée

  À la Di Stasio

  ISBN 2-89077-281-0

  1. Cuisine. I. Titre.

TX714.D52 2004   641.5   C2004-941164-0

À la di Stasio, c'est aussi une émission de télévision animée par Josée di Stasio, diffusée à Télé-Québec et produite par **zone:3**

Design **orangetango**

Conseiller et styliste culinaire **Stéphan Boucher**

Assistant-photographe et tirage numérique des photos noir et blanc **Alain Fournier**

Assistante-styliste **Jade Martel**

ISBN : 2-89077-281-0

Dépôt légal : 4e trimestre 2004

Cet ouvrage a été imprimé par l'imprimerie Friesens au Manitoba, Canada.

www.flammarion.qc.ca

À maman,
merci
de m'avoir fait cadeau
de la
gourmandise

tamari

3 c. à s huile d'olive

2 c à s limette

2 c à s sirop ou miel

1 gousse d'ail

1/4 c à t piment de Cayenne

— Table des matières —

* * *

Introduction
— 009 —
Les amuse-bouches
— 010 —
Les entrées et soupes
— 022 —
Les plats principaux
— 052 —
Les pâtes, pizzas et sandwichs grillés
— 092 —
Les accompagnements
— 110 —
Les desserts
— 130 —
Les bases : trucs et recettes
— 168 —
Les menus à la di Stasio
— 180 —
Les remerciements
— 186 —
Index
— 188 —

* * *

* * *

Lorsque j'étais petite, je passais des heures entières à regarder mes grands-mères cuisiner.
C'était mon jeu favori. Et depuis, je n'ai jamais cessé de m'amuser.
—
Oui, la cuisine est un jeu passionnant, gourmand et tellement sensuel!
Quel plaisir de flâner dans les marchés, de faire des découvertes et de se laisser inspirer!
La cuisine pimente ma vie, la parfume, la réchauffe, l'embellit.
La vraie façon pour moi de rencontrer les gens, c'est autour d'une table.
C'est là que les conversations s'animent, qu'on découvre le monde
en se nourrissant de ses saveurs et qu'on le réinvente.
—
Ce livre est un choix de recettes glanées au fil des rencontres, des voyages,
des lectures ainsi que de recettes de ma famille et de mes amis gourmands.
Certaines sont des classiques, d'autres sont au goût du jour, mais toutes sont simples.
C'est une cuisine conviviale, chaleureuse, une cuisine de saison qui fait appel aux meilleurs produits,
mais qui ne nécessite ni grandes techniques ni ustensiles sophistiqués.
—
Pour moi, comme pour beaucoup d'entre vous, la cuisine est avant tout instinctive.
Je souhaite que mes recettes vous servent de guide. Laissez libre cours à votre gourmandise et
à votre imagination et n'oubliez surtout pas que l'ingrédient principal est le plaisir.
—
Plaisir, voilà le mot clé de ce livre que j'avais envie d'écrire depuis longtemps
et qui est ma façon à moi de vous recevoir tous à ma table.

* * *

— Les amuse-bouches —

* * *

Plateau pour l'apéro sans trop cuisiner

Pour offrir un plateau d'amuse-bouches à l'heure de l'apéritif
sans passer des heures en cuisine.

* * *

*J'adore l'heure de l'apéritif.
C'est le début d'un moment privilégié
où l'on s'arrête…*

—

*Une bouchée, deux ou trois,
même les plus simples seront toujours
bien reçues. Une formule que
j'affectionne particulièrement, qui
peut remplacer l'entrée. On prend
alors tout son temps, puis on passe
à table pour le plat principal.
C'est facile et combien convivial!*

* * *

De beaux quartiers de **melon** pelés,
épépinés et bien poivrés. Une assiette
magnifique et sans effort. Profitez
aussi de la saison des figues, taillées
et servies avec du prosciutto ou une
autre viande.

—

Un bloc de **parmesan** (ou autre
fromage sec) accompagné d'un couteau
pour en détacher des morceaux.

Un **légume de saison** (radis, fenouil,
cœur de céleri avec feuilles…) déposé
de façon désinvolte, accompagné
d'une bonne huile d'olive nature ou
au citron (p. 176) et poudré d'un bon
sel de mer.

—

Sur des **croûtons** (p. 172) ou légumes
de saison, servir une tartinade du
commerce (il y en a de très bonnes),
ou votre tartinade maison que vous
aurez gardée au frigo ou un choix
de garnitures :
_ Pesto de tomates séchées
_ Mousse de saumon fumé (p. 18)
_ Mousse de foies de volaille
  aux figues (p. 21)
_ Caponata (p. 98)
_ Tartinade d'olives noires (p. 14)
_ Œufs brouillés garnis de ciboulette
  et d'œufs de poisson
_ Hoummos mélangé à du pesto
  de tomates séchées
_ Poivrons rouges et jaunes rôtis,
  pelés, en julienne, avec un filet
  d'huile, ail, sel et poivre
_ Tomates cerises en quartiers,
  chiffonnade de basilic et de menthe,
  ail, filet d'huile, sel et poivre
_ Fromage ricotta égoutté et pesto.

Un bol de **noix** grillées quelques
minutes sur une plaque à 180 °C
(350 °F).

—

Une assiette de bonnes **olives**
marinées.

—

Saucissons ou viandes séchées
(bresaola, magret de canard séché,
prosciutto), avec melon, morceaux
de poire ou de papaye bien poivrés.

Des **grissinis** (p. 16) déposés dans
un verre.

—

Des quartiers d'**œufs** accompagnés
de sel parfumé.

* * *

Olives au martini

Il n'y a jamais assez d'olives dans un martini, voilà la solution…

500 ml (2 tasses)

* * *

500 ml (2 tasses)
d'olives vertes

—

Vodka ou gin
en quantité suffisante

—

Vermouth blanc
(Martini, Cinzano ou Noilly Prat)

—

Quelques rubans de zestes de citron

* * *

<u>Égoutter</u>, rincer et éponger les olives.

—

<u>Dans un bocal</u>, mélanger la vodka ou
le gin, quelques giclées de vermouth,
au goût, et les zestes de citron.

—

<u>Ajouter</u> les olives et réfrigérer
au moins 1 h.

* * *

Tartinade d'olives noires

Avec un verre de rosé, on se retrouve en Provence.
Une tartinade vite faite qui se bonifie préparée quelques heures à l'avance.

250 ml (1 tasse)

* * *

250 ml (1 tasse)
d'olives noires dénoyautées*

—

5 ml (1 c. à thé)
de zeste d'orange finement râpé

—

15 ml (1 c. à soupe)
de jus d'orange

—

5 ml (1 c. à thé)
de graines de fenouil écrasées
ou moulues

—

45 ml (3 c. à soupe)
d'huile d'olive

—

Poivre du moulin

* * *

<u>Dans le bol du robot culinaire</u>,
placer les olives dénoyautées avec
les autres ingrédients, à l'exception
du poivre. Par touches successives,
hacher grossièrement pour obtenir
un concassé. Éviter de réduire en
purée. Poivrer.

—

<u>Verser</u> dans un bocal et réfrigérer.

* * *

Servir
Cette tapenade est délicieuse sur des
croûtons ou des légumes (fenouil,
céleri), dans un sandwich, sur une
pâte chaude ou froide, ou pour garnir
une salade de mozzarella et tomates.

Note
On peut faire la tartinade au couteau
de chef ou à la mezzaluna. Hacher les
olives, déposer dans un bol et ajouter
le reste des ingrédients. Mélanger.

Conservation
Au réfrigérateur, jusqu'à trois semaines.

* Pour dénoyauter les olives, les placer dans un
sac de plastique et les écraser à l'aide d'une petite
casserole, d'une boîte de conserve, ou utiliser
simplement le dénoyauteur.
Pour les dessaler, déposer les olives dénoyautées
dans un bol, les couvrir d'eau bouillante et laisser
reposer quelques minutes. Rincer sous l'eau froide
et éponger avec du papier absorbant.

Grissinis

*Délicieux de l'apéritif au fromage
en passant par la soupe.*

12 grissinis

* * *

1 boule de 500 g (1 lb)
de pâte à pizza du commerce*
ou voir recette (p. 103)

—

Huile d'olive
en quantité suffisante

—

Romarin ou origan séché,
paprika, graines de sésame,
de pavot ou de fenouil

—

Gros sel

* * *

Préchauffer le four à 200 °C (400 °F).

—

Diviser la pâte en deux.

—

Sur un plan de travail légèrement
fariné, abaisser chaque morceau
de pâte à l'aide d'un rouleau à pâte
en un rectangle de 13 x 30 cm
(5 x 12 po).

—

Saupoudrer des épices, des herbes
séchées ou des graines choisies et
passer le rouleau pour bien faire
pénétrer les aromates dans la pâte.

—

Découper en fines lanières de 2 cm
(3/4 po) à l'aide d'un couteau ou
d'une roulette à pizza. Les bâtonnets
doivent être de taille égale pour
uniformiser le temps de cuisson.

—

Rouler entre les doigts les
bâtonnets de pâte pour arrondir
en serpentins.

—

Déposer les grissinis sur une plaque
huilée et les enrober généreusement
d'huile.

Saupoudrer de gros sel et torsader,
si désiré.

—

Cuire au centre du four environ
15 min jusqu'à ce que les grissinis
soient bien dorés et secs.

—

Placer la plaque sur le comptoir et
laisser sécher les grissinis avant de
les manipuler.

* * *

*Si la pâte est congelée, la badigeonner d'huile
et la placer dans un bol. Couvrir d'un linge humide
et laisser décongeler au réfrigérateur une nuit ou
sur le comptoir au moins 6 h.

Mousse de saumon fumé

Une recette de Daniel Pinard.
Tout simplement du saumon fumé réduit en mousse avec de la crème, point.
Pour le reste, c'est affaire de goût...

250 ml (1 tasse)

* * *

150 g (5 oz)
de saumon fumé

—

5 ml (1 c. à thé)
de raifort préparé

—

5 ml (1 c. à thé)
de zeste fin de citron

—

5 ml (1 c. à thé)
de jus de citron

—

75 ml (5 c. à soupe)
de crème 35 %

—

15 ml (1 c. à soupe)
de ciboulette hachée finement

—

Poivre du moulin

* * *

Dans le bol du robot culinaire, mettre le saumon, le raifort, le zeste et le jus de citron.

—

Hacher grossièrement par touches successives.

—

Ajouter peu à peu la crème jusqu'à consistance d'une tartinade, toujours par touches successives.

—

Déposer dans un bol, incorporer la ciboulette; poivrer, au goût.

* * *

Servir
Garnir de quelques brins de ciboulette ou de quelques câpres.

—

Tartiner sur des croûtons.

—

Dans le creux d'une feuille d'endive et coiffée de quelques œufs de truite ou de saumon.

—

Sur une rondelle épaisse de concombre qu'on aura légèrement creusée à la cuillère.

—

Sur des bagels coupés en deux et grillés.

Mousse de foies de volaille aux figues

Cette mousse délicieuse à l'apéritif peut aussi se servir en entrée dans des ramequins individuels.
On peut la préparer à l'avance et l'apporter chez des amis ou l'offrir en cadeau.

625 ml (2 1/2 tasses)

* * *

360 g (12 oz)
de foies de poulet parés

—

25 ml (1 1/2 c. à soupe)
de vinaigre de vin blanc
ou de cidre

—

360 g (3/4 lb)
de beurre froid

—

45 ml (3 c. à soupe)
de vin cuit
(porto, madère, xérès, au goût)

—

4 ml (3/4 c. à thé)
de sel

—

Poivre du moulin

—

1 ml (1/4 c. à thé)
de piment de la Jamaïque moulu

—

125 ml (1/2 tasse)
de figues séchées, hachées
et trempées 20 min
dans le porto ou le vin cuit

* * *

Dans une casserole, couvrir les
foies de poulet d'eau froide, ajouter
le vinaigre.

—

Faire pocher à feu moyen-doux,
à frémissement, environ 5 min.

—

Retirer du feu, égoutter les foies,
les éponger sur du papier absorbant.
Dans le bol du robot culinaire, mettre
les foies de poulet, le beurre, le vin
choisi, le sel, le poivre, le piment de
la Jamaïque et réduire en purée fine.
Racler souvent les parois à l'aide
d'une spatule.

—

Incorporer les figues.

—

Verser la préparation dans un
bol ou en petites portions dans
des ramequins.

* * *

Servir
Accompagner de tranches de pain
brioché grillées.

—

Avec de petits toasts.

—

Avec des tranches de pommes.

Variante
Faire tremper les figues
dans du jus de pomme et omettre
d'aromatiser à l'alcool.

Conservation
Garder au réfrigérateur jusqu'à
une semaine. La mousse peut être
congelée et, le moment venu,
être dégelée au réfrigérateur.

— Les entrées —
et les soupes

* * *

Poireaux rôtis à la menthe

Le chef Jacques Robert a fait cette recette à l'émission À la di Stasio
et on l'a adoptée immédiatement!

4 portions

* * *

4 poireaux fins ou moyens,
parés, coupés en 2 sur la longueur
mais rattachés à la base

—

40 à 60 feuilles de menthe

—

Jus de 1/2 citron

—

Sel et poivre du moulin

—

15 ml (1 c. à soupe)
de sucre

—

125 ml (1/2 tasse)
de parmesan râpé

* * *

Préchauffer le four à 200 °C (400 °F).
Huiler une plaque à cuisson.

—

Blanchir les poireaux environ
2 min à l'eau bouillante salée ou
jusqu'à ce qu'ils soient tendres.

—

Arrêter la cuisson en les immergeant
dans un bol d'eau glacée.

—

Disposer les poireaux sur la plaque.

—

Insérer 5 feuilles de menthe entre
les feuillets de chaque demi-poireau.

—

Arroser de quelques gouttes de jus
de citron. Assaisonner, au goût.

—

Saupoudrer légèrement de sucre.

—

Saupoudrer de parmesan et cuire
au four 5 min ou jusqu'à ce que le
parmesan soit doré légèrement.

* * *

Asperges rôties au parmesan

* * *

Griller les asperges (p. 118) et,
5 min avant la fin de la cuisson,
ajouter du fromage parmesan râpé
et laisser fondre.

* * *

Poivrons à la piémontaise

*Un classique italien habituellement
relevé de filets d'anchois, qui laisse cependant tout plein de possibilités.
Aussi beau et bon en accompagnement.*

4 portions

* * *

4 tomates italiennes
ou 2 tomates

—

2 poivrons jaunes ou orange

—

Huile d'olive
en quantité suffisante

—

Sel et poivre du moulin

—

Ail écrasé
(facultatif)

* * *

Garniture, au choix

—

Origan

—

Basilic

—

Pesto

—

Salsa verde

—

Anchois coupés
sur la longueur
(attention au sel si vous utilisez
les anchois)

* * *

Préchauffer le four à 180 °C (350 °F).

—

Peler les tomates (p. 179), les couper
en deux et les épépiner.

—

Couper les poivrons en deux sur
la longueur à travers le pédoncule.
Les épépiner et en badigeonner
généreusement l'intérieur d'huile
d'olive. Saler, poivrer, ajouter l'ail
et la garniture choisie.

—

Huiler un plat ou une assiette à
cuisson suffisamment grande et
y déposer les poivrons.

—

Dans chaque demi-poivron, mettre
deux demi-tomates, saler et poivrer
de nouveau. Arroser d'un filet d'huile.

—

Couvrir d'un papier d'aluminium.

—

Cuire 45 min, découvrir et poursuivre
la cuisson encore 45 min.

* * *

Servir
*Se mange chaud ou
à la température ambiante.*

Variante
*Réserver les poivrons à la
température ambiante. Déposer
quelques tranches de mozzarella
dans chaque assiette, arroser d'un
filet d'huile d'olive, saler et poivrer.
Coiffer d'un demi-poivron et garnir
d'olives noires, de câpres ou
d'herbes fraîches.*

Artichauts à la provençale

Pour une entrée légère aux parfums du Midi.
Et pour moi, c'est le plaisir de manger avec les doigts.

/ 028

4 portions

* * *

4 artichauts moyens

—

1/2 citron

—

Huile d'olive

—

1 oignon coupé en 4
ou 2 échalotes françaises
coupées en 2

—

2 gousses d'ail
coupées en 2

—

1 feuille de laurier

—

Une poignée de thym frais
ou 10 ml (2 c. à thé)
d'herbes de Provence
ou de thym séché

Sel et quelques grains de poivre

125 ml (1/2 tasse) de Noilly Prat
ou de vin blanc
ou 60 ml (1/4 tasse)
de vinaigre de vin blanc

—

Eau ou bouillon de poulet

* * *

Garniture

—

Zeste de citron

—

Persil plat haché

—

Branches de thym frais

* * *

Pour parer les artichauts, retirer
les feuilles à la base. Si la tige y est
encore, la casser, si désiré.

—

Couper environ 2,5 cm (1 po) de
la partie supérieure des artichauts.
À l'aide de ciseaux, couper le bout
piquant des feuilles (bractées).
Au fur et à mesure, citronner les
parties coupées.

—

Retirer le foin au cœur de l'artichaut
à l'aide d'une cuillère à pamplemousse
ou d'une petite cuillère. Citronner.
Pour faciliter l'opération, couper
l'artichaut en deux sur la hauteur.

—

Dans une casserole juste assez
grande pour contenir les artichauts,
verser l'huile d'olive pour en couvrir
généreusement le fond.

—

Déposer les artichauts debout les uns
à côté des autres.

—

Ajouter le reste des ingrédients et
suffisamment d'eau ou de bouillon
pour couvrir les artichauts aux deux
tiers. Goûter et rectifier l'assaisonnement. Le bouillon doit être assez salé.

—

Mijoter à couvert 20 à 30 min.
On peut vérifier la cuisson en tirant
sur quelques feuilles à la base des
artichauts ou en piquant les fonds.

* * *

Servir
À la température ambiante
ou froids.
—
Décorer de zeste de citron,
de persil et de thym.

Salade de verdure, vinaigrette au parmesan

*Cette vinaigrette, qui me vient de ma copine Arline Gélinas,
est délicieuse sur la laitue, des tomates ou sur des légumes rôtis.
Il m'arrive d'en faire mon lunch avec du poulet grillé.*

4 portions

* * *

1,5 l (6 tasses)
de roquette ou de jeunes pousses
d'épinards lavées, essorées

* * *

Vinaigrette au parmesan

—

125 ml (1/2 tasse)
d'huile d'olive

—

60 ml (1/4 tasse)
de parmesan râpé

—

5 ml (1 c. à thé)
de jus de citron

—

10 ml (2 c. à thé)
de vinaigre de vin blanc

—

Sel et poivre du moulin

—

Roquette,
jeunes pousses d'épinards
ou tout autre verdure de saison,
en quantité suffisante

* * *

Accompagnements, au choix

—

Quartiers d'oignons
ou cipollinis rôtis (p. 118)

—

Croûtons (p. 172)

—

Copeaux de parmesan reggiano
ou grana padano (p. 178)

—

12 fines tranches de bresaola
ou viande de grison

—

4 fines tranches de prosciutto cru
ou croustillant (ci-contre)

* * *

Dans la tasse du mélangeur, fouetter tous les ingrédients de la vinaigrette. Au besoin, ajouter un peu d'eau, une cuillerée à la fois, pour allonger la sauce.

—

Assaisonner, au goût.

—

Dans un grand bol, touiller la roquette avec la vinaigrette nécessaire et réserver le reste de la vinaigrette au réfrigérateur.

—

Garnir, au goût, avec un ou plusieurs des accompagnements suggérés.

* * *

Chips de prosciutto

* * *

Préchauffer le four à 180 °C (350 °F). Sur une plaque à cuisson, déposer des tranches de prosciutto et les faire cuire environ 15 min.

—

Si en refroidissant les chips ne deviennent pas craquantes, les remettre au four quelques minutes.

—

Une fois refroidies, les chips de prosciutto se conservent quelques jours au réfrigérateur.

* * *

Salade de tomates et mangues

C'est vite devenu un nouveau classique, et pour cause!

4 portions

* * *

3 tomates rouges
en quartiers
ou 500 ml (2 tasses)
de petites tomates olivettes
coupées en 2

—

2 mangues pelées*,
en quartiers

—

Vinaigre de vin blanc ou autre
(facultatif)

—

Huile d'olive

—

Sel et poivre du moulin

—

Curry

—

Feuilles de basilic,
de coriandre ou
ciboulette hachées finement,
au choix

* * *

Sur une assiette de service ou des assiettes individuelles, disposer les quartiers de tomates ou les tomates olivettes et les quartiers de mangues.

—

Arroser d'une petite quantité de vinaigre de vin blanc et d'huile d'olive, assaisonner.

Saupoudrer d'une pincée ou plus, au goût, de curry.

—

Terminer la présentation avec l'herbe choisie.

* * *

*Peler la mangue avec un couteau bien aiguisé ou un économe.

Couper la mangue en deux en passant la lame le plus près possible de chaque côté du noyau.

Salade de betteraves braisées

*Intéressante en entrée mais également
en accompagnement d'un soufflé ou de saumon.*

4 portions

* * *

4 betteraves moyennes crues,
pelées, en cubes ou en quartiers

—

125 ml (1/2 tasse)
d'eau

—

60 ml (1/4 tasse)
d'échalote française en fines tranches

—

Sel

—

15 ml (1 c. à soupe) ou plus
de vinaigre de xérès
ou autre vinaigre de vin

—

30 ml (2 c. à soupe)
d'huile d'olive

—

Sel et poivre du moulin

* * *

Garniture

—

Feuilles de cresson, niçoise,
roquette, mesclun ou autres
verdures de saison

—

Huile, sel et poivre du moulin

* * *

Dans une casserole, cuire les
betteraves avec l'eau, l'échalote
française et le sel environ 15 min
à couvert.

—

Égoutter les betteraves en réservant
le jus de cuisson.

—

Dans le jus de cuisson, ajouter en
fouettant le vinaigre, l'huile d'olive,
le sel et le poivre.

—

Enrober les betteraves de cette
vinaigrette.

* * *

*Servir
à température ambiante sur
la verdure choisie et arroser d'huile,
si désiré.*

*Variantes
Pour une entrée plus consistante,
ajouter quelques tranches
de saumon fumé ou y émietter
quelques morceaux de fromage bleu.*

—

*Lors du braisage, ajouter des
graines de coriandre ou de cumin
écrasées au mortier.*

Salade de cresson nipponne

*Cette salade peut servir d'élément de base
pour un repas aux saveurs asiatiques (p. 184).*

4 portions

* * *

Vinaigrette

—

30 ml (2 c. à soupe)
de vinaigre de riz

—

30 ml (2 c. à soupe)
de sauce soya

—

60 ml (1/4 tasse) d'huile d'olive

—

2 à 5 ml (1/2 à 1 c. à thé)
de sirop d'érable ou de cassonade

—

Quelques gouttes
d'huile de sésame (facultatif)

* * *

Cresson
ou jeunes pousses d'épinards

—

Carottes râpées (facultatif)

—

Crevettes ou pétoncles (facultatif)

* * *

Garniture

—

Graines de sésame
ou coriandre hachée, au goût

* * *

Dans un grand bol, bien mélanger
les ingrédients de la vinaigrette.

—

Déposer les légumes choisis sur
la vinaigrette, sans remuer.

—

Au moment de servir, enrober
délicatement la salade de vinaigrette.

* * *

*Servir
avec des crevettes ou des pétoncles
sautés, et aussi en accompagnement
de poisson ou de porc grillé.*

Crevettes et pétoncles

* * *

Pour sauter efficacement crevettes
et pétoncles, les éponger soigneusement sur du papier absorbant avant
de les cuire dans un peu d'huile
à feu vif.

—

Cuire juste le temps que les fruits
de mer changent de couleur, sans
plus. Saler et poivrer, au goût.
On pourra aussi ajouter du piment
et de l'ail. Éviter de trop les cuire,
ce qui les rendrait caoutchouteux.

* * *

Salade de fenouil, champignons et parmesan

Simplissime et tellement frais. Sortez votre bonne huile d'olive.

4 portions

* * *

2 champignons portobello
en tranches

—

30 ml (2 c. à soupe) d'huile d'olive

—

Sel et poivre du moulin

—

30 ml (2 c. à soupe)
de jus de citron

—

75 ml (5 c. à soupe) d'huile d'olive

—

2 bulbes de fenouil parés (p. 173)

—

60 ml (1/4 tasse)
de copeaux de parmesan reggiano
ou de grana padano

* * *

<u>Préchauffer</u> le four à 190 °C
(375 °F).

—

<u>Sur une plaque de cuisson</u> légèrement
huilée, déposer les tranches de
champignons. Les badigeonner d'huile,
saler et poivrer.

—

<u>Cuire</u> au four 12 min en les retournant
à mi-cuisson.

—

<u>Dans un petit bol</u>, mélanger le jus
de citron et l'huile d'olive.

—

<u>Émincer</u> le fenouil à la mandoline
ou le plus finement possible à l'aide
d'un couteau de chef.

<u>Sur une grande assiette</u>, étaler
les tranches de fenouil. Répartir
les tranches de champignons sur le
fenouil et garnir de copeaux de
fromage. Pour prélever facilement
les copeaux de fromage, voir p. 178.

—

<u>Arroser</u> le tout avec la vinaigrette.
Saler et poivrer.

* * *

*Servir
immédiatement.*

*Variante
Garnir de chips de
prosciutto (p. 30) émiettées avec
les copeaux de fromage.*

Salade de fenouil et pommes

Oui, j'ai un faible pour le fenouil!

4 portions

* * *

2 bulbes de fenouil parés (p. 173)

—

1 ou 2 pommes fermes épépinées,
émincées

—

75 ml (5 c. à soupe)
d'huile au citron (p. 176)
ou 75 ml (5 c. à soupe)
d'huile d'olive et
30 ml (2 c. à soupe)
de jus de citron

—

Sel et poivre du moulin, au goût

Copeaux de parmesan reggiano
ou de grana padano (p. 178)

* * *

<u>Émincer</u> le fenouil à la mandoline ou
le plus finement possible à l'aide d'un
couteau de chef.

—

<u>Sur une grande assiette</u>, étaler les
tranches de fenouil. Répartir les
lamelles de pommes sur le fenouil.

—

<u>Arroser</u> d'huile au citron ou de la
vinaigrette au citron.

—

<u>Assaisonner</u> et garnir de copeaux
de parmesan.

* * *

*Variante
La plus connue de toutes,
celle que ma grand-mère faisait.
Des bulbes de fenouil finement
tranchés, des suprêmes ou des
tranches d'oranges, et le jus recueilli,
de l'huile d'olive, du sel et
du poivre du moulin.*

Magrets de canard séchés

Faire sa propre «charcuterie» est gratifiant.
Encore merci Jacques Robert.

/ 038

En entrée : 12 portions

* * *

2 magrets de canard
d'environ 500 g (1 lb) chacun

—

Gros sel
en quantité suffisante

—

Poivre
concassé grossièrement

—

Thym frais
(facultatif)

* * *

Enfouir complètement les magrets
dans le sel.

—

Laisser dégorger 36 h au réfrigérateur.

—

Retirer les magrets du sel, les essuyer
soigneusement.

—

Poivrer les magrets côté chair, placer
le thym entre les deux et les ficeler
solidement ensemble.

—

Envelopper dans un linge et laisser
sécher 10 jours au réfrigérateur.

* * *

Au service
Gratter le poivre et jeter le thym.
Découper le surplus de gras en ne
laissant qu'une fine pellicule.
Détailler en très fines tranches.
Pour obtenir des tranches très minces,
les déposer entre deux feuilles de
papier ciré ou parchemin et amincir
à l'aide d'un rouleau à pâte.

Servir
Accompagner d'une salade.

—

Avec des quartiers de fruits
(melon, figues, poires, etc.).

—

Ou simplement à l'apéro accompagné
d'olives, de grissinis (p. 16), etc.

Conservation
Placer au réfrigérateur les magrets
entourés d'un linge dans
un contenant hermétique.

—

On peut aussi demander
à son boucher de tailler les magrets
et de mettre les tranches sous vide,
en petites quantités.

Des huîtres

Vivement la saison!

* * *

À l'achat : choisir des huîtres bien fermées, qui devront donner un son plein en les frappant avec un bâtonnet.

—

Conserver les huîtres, sans les nettoyer, côté bombé en dessous pour que le mollusque repose dans son eau. Éviter de conserver les huîtres dans un sac de plastique. Placer les huîtres dans un bol et les couvrir d'un linge humide, à remouiller au besoin. Éviter de couvrir le bol d'une pellicule de plastique, qui empêche les huîtres de respirer. Les huîtres se conservent de cinq à six semaines au réfrigérateur.

—

Au moment de servir, brosser les huîtres sous l'eau froide sans les laisser tremper.

—

Prévoir un plateau garni de gros sel ou de glace concassée pour bien caler les coquilles.

* * *

Huîtres froides

* * *

Un choix de garnitures est déposé sur la table et l'on se sert à sa guise de :
_ quartiers de lime ou de citron
_ ma mignonnette : jus de lime et vinaigre de riz à parts égales, gingembre frais râpé et échalote française finement hachée
_ vodka en burette
_ sauces piquantes du commerce.

* * *

Variantes
Accompagner de shooters de virgin ou bloody mary garnis d'un bâtonnet de céleri et pour les nostalgiques : sauce chili, raifort préparé et jus de lime.

—

Garnir les huîtres d'une tranche de saucisse (chorizo ou saucisse piquante) chaude bien grillée et accompagner de quartiers de citron ou de lime.

Huîtres chaudes

* * *

Huîtres gratinées au beurre d'amandes : mélanger à parts égales amandes rôties réduites en poudre et beurre en pommade. Ajouter un peu d'échalote française finement ciselée et saupoudrer les huîtres de cette chapelure. Déposer sur une plaque à cuisson garnie de gros sel et cuire 5 min à 220 °C (425 °F). Gratiner de 1 à 2 min sous le gril.

* * *

Minestrone

C'est «la totale» en termes de mets réconfortants.
Pour une soupe aux légumes, comment ne pas faire confiance à Biaggio «Nino» Marcone du Marché Jean-Talon?
Après tout, le légume, il connaît ça un peu beaucoup!

/ 042

8 à 10 portions
* * *
Haricots secs
ou haricots en conserve égouttés,
rincés (voir Variantes)
ou haricots romano frais écossés
(voir Variantes)

2 feuilles de laurier
—
1 céleri-rave pelé, en cubes
—
3 pommes de terre pelées, en cubes
—
1/2 chou frisé haché grossièrement
—
1 oignon haché
—
4 carottes pelées, tranchées
—
Petits artichauts,
les cœurs parés (facultatif)
—
1 croûte de parmesan
en 2 morceaux
—
2,5 l (10 tasses)
de bouillon de poulet chaud
—
Sel et poivre du moulin
—
Courgettes jaunes ou vertes
en cubes
* * *
Garniture
—
Huile d'olive
—
Parmesan rape
—
Pesto
* * *

Dans une grande casserole, couvrir
largement les haricots secs d'eau
froide à laquelle on aura ajouté
2 feuilles de laurier.
—
Cuire environ 40 à 50 min ou
jusqu'à ce que les haricots soient
presque tendres. Saler l'eau à
mi-cuisson. Égoutter les haricots.
—
Dans la même casserole, ajouter
aux haricots le céleri-rave, les
pommes de terre, le chou, l'oignon,
les carottes, les petits artichauts et
les morceaux de croûte de parmesan.
—
Ajouter le bouillon, saler et poivrer,
au goût.
—
Laisser mijoter environ 20 min.
—
Ajouter les courgettes, poursuivre
la cuisson 5 min.
—
Avant de servir, retirer les morceaux
de croûte de parmesan.
* * *

Au service
Chacun verse un bon filet
d'huile d'olive et saupoudre sa soupe
de parmesan râpé ou ajoute une
cuillerée d'un pesto.

Variantes
On pourra remplacer les haricots
secs par des haricots blancs en
conserve. Dans ce cas, les égoutter,
les rincer et les ajouter à la soupe
en même temps que les courgettes.
—
Pour la cuisson des haricots
fraîchement cueillis, les cuire dans
du bouillon de poulet avec 2 feuilles
de laurier, une bonne giclée d'huile
d'olive et 6 tomates cerises.
Cuire jusqu'à ce que les haricots
soient presque tendres.

Conservation
En garder en portions
au congélateur.

Stracciatella

(Potage aux œufs)

La stracciatella de ma mère est la meilleure au monde parce que son bouillon est, bien sûr, le meilleur au monde !

4 portions

* * *

1 l (4 tasses) de bouillon de poulet

—

1 œuf pour 4 personnes
(soupe avec pâtes)

ou 1 œuf pour 2 personnes
(soupe sans pâtes)

—

Poivre du moulin

—

Muscade fraîchement râpée, au goût

—

15 ml (1 c. à soupe) comble
de parmesan râpé ou plus, au goût

—

Pâtes courtes cuites : risoni,
orzo, plombs, etc. (facultatif)

—

Persil haché

* * *

Dans une casserole, porter le bouillon
à ébullition.

—

Dans un bol, fouetter ensemble
les œufs, les assaisonnements et
le parmesan.

—

Réduire la chaleur du bouillon à
« mijotement », incorporer le mélange
d'œuf. Lorsque le mélange commence
à coaguler, remuer à l'aide d'une
fourchette pour y défaire l'œuf.

—

Avant de servir, ajouter, si désiré,
les pâtes courtes et le persil haché.

* * *

Soupe aux œufs à la chinoise

4 portions

* * *

1 l (4 tasses) de bouillon de poulet

—

45 ml (3 c. à soupe) de sauce soya

—

10 ml (2 c. à thé) de gingembre haché

* * *

Légumes, au choix

—

Tranches de champignons frais,
chou nappa émincé, pois mange-tout
en julienne, jeunes pousses
d'épinards ou germes de soya

* * *

2 œufs

—

125 ml (1/2 tasse)
d'oignons verts émincés

* * *

Dans une casserole moyenne, porter
à ébullition le bouillon, la sauce soya
et le gingembre.

—

Ajouter les légumes choisis, réduire
le feu, laisser mijoter doucement
pendant 2 min.

—

Dans un petit bol, battre les œufs
à la fourchette.

Incorporer les œufs. Lorsque les
œufs commencent à coaguler,
remuer à l'aide d'une fourchette.

—

Garnir d'oignons verts, servir
immédiatement.

—

On pourra parfumer la soupe de
quelques gouttes d'huile de sésame.

* * *

Potage à la courge musquée

*En cuisant la courge au four pour préparer le potage,
on s'épargne la tâche de la peler et on en concentre le goût.
Il y a plusieurs façons de servir cette soupe. C'est au goût.*

6 portions

* * *

1 courge musquée (butternut)
de 1 kg (2 lb)

—

4 gousses d'ail
en chemise

—

45 ml (3 c. à soupe)
d'huile d'olive

—

Sel et poivre du moulin

—

1 gros oignon
ou 6 échalotes françaises
émincés

—

45 ml (3 c. à soupe)
de beurre

—

30 ml (2 c. à soupe)
de gingembre haché finement

—

10 ml (2 c. à thé)
de curry doux

—

1 l (4 tasses)
de bouillon de poulet
ou de légumes

* * *

Garniture

—

Yaourt nature et
quartiers de lime

* * *

Couper en deux la courge. Cette tâche est plus facile si on utilise un gros couteau sur lequel on frappe avec un maillet. Épépiner.

Préchauffer le four à 190 °C (375 °F).

Tapisser une plaque de cuisson de papier parchemin ou d'aluminium.

Badigeonner la courge et les gousses d'ail d'huile, saler et poivrer. Déposer les deux moitiés de courge, faces coupées sur la plaque. Placer les gousses d'ail sous les courges.

Cuire 45 min au centre du four ou jusqu'à ce que la chair soit tendre.

Tiédir 10 min avant de peler les demi-courges et l'ail. Réserver.

Dans une marmite, à feu moyen, fondre l'oignon dans le beurre pendant 10 min en remuant régulièrement.

Ajouter le gingembre et le curry. Poursuivre la cuisson 1 min.

Ajouter la courge, l'ail et le bouillon. Porter à ébullition à feu vif, réduire la chaleur, laisser mijoter, à découvert, 10 min.

Dans la tasse du mélangeur, réduire le potage en purée. Allonger de bouillon au besoin.

Réchauffer.

* * *

Au service
Garnir de yaourt et de quartiers de lime.

Variantes
Remplacer le yaourt par du lait de coco ajouté en fin de cuisson et une chiffonnade d'épinards. Garnir le potage d'amandes effilées rôties.

—

Verser le potage dans une assiette creuse chaude. Disposer au centre des crevettes ou des pétoncles bien saisis. Garnir de ciboulette hachée ou d'un filet d'huile parfumée.

Fumet de champignons

Voilà une entrée raffinée et légère au goût savoureux…
pratiquement un dépanneur!

/ 048

1 l (4 tasses)

* * *

1,5 l (6 tasses)
de bouillon de poulet ou
de légumes faible en sel

—

2 ou 3 échalotes
françaises émincées

—

15 g (1/2 oz)
de porcinis (cèpes) déshydratés

1 ml (1/4 c. à thé) ou plus
de thym séché ou
1 branche de thym frais

* * *

Dans une casserole, porter tous
les ingrédients à ébullition. Mijoter
15 à 20 min à découvert et réduire
pour obtenir 1 l (4 tasses) de
bouillon. Corriger l'assaisonnement.
Tiédir et filtrer.

* * *

Au service
Ajouter au bouillon chaud
des tortellinis ou des raviolis au
fromage ou aux champignons cuits
séparément. Garnir de persil plat
ou de feuilles de cresson.

—

Ajouter au bouillon chaud
de fines tranches de champignons
cremini (café) ou shiitake, sans
le pied ou des champignons enoki
et de la ciboulette hachée.

cappuccino de champignons

Un «trompe-l'œil» qui fait son effet.

4 portions

* * *

1 oignon haché finement

—

1 poireau paré, haché finement

—

30 ml (2 c. à soupe)
de beurre

—

500 g (1 lb)
de champignons tranchés

—

1 petite pomme de terre pelée,
en quartiers

—

Sel et poivre du moulin

—

15 ml (1 c. à soupe) de thym frais
ou 5 ml (1 c. à thé) de thym séché

—

10 à 15 g (1/3 à 1/2 oz)
de porcinis (cèpes) séchés, moulus*
(facultatif)

—

750 ml (3 tasses)
de bouillon de poulet

—

250 ml (1 tasse)
de crème 35 %

* * *

Dans une casserole, fondre
l'oignon et le poireau dans le beurre
à feu doux.

—

Ajouter les champignons, augmenter
la chaleur, cuire jusqu'à évaporation
de l'eau de végétation.

—

Ajouter la pomme de terre, assaisonner
et ajouter le thym.

—

Réserver 15 ml (1 c. à soupe) des
porcinis moulus.

—

Ajouter le reste des porcinis et
le bouillon.

—

Porter à ébullition, laisser mijoter
15 min à mi-couvert.

—

Quelques minutes avant de servir,
ajouter 125 ml (1/2 tasse) de crème.

—

Dans la tasse du mélangeur, réduire
la soupe en purée. Allonger au besoin.

—

Réserver au chaud.

—

Fouetter le reste de la crème.

* * *

Servir
la soupe dans 4 tasses à café.
Couvrir chaque portion de crème
fouettée pour imiter la mousse d'un
cappuccino et saupoudrer la poudre
de porcinis sur la crème.

Variante
Remplacer la crème
par du lait chaud écrémé ou 2 % et,
à l'aide d'un fouet à cappuccino,
monter le lait en mousse.

*Moudre les porcinis dans un moulin à café.
Pour nettoyer celui-ci, mettre 30 ml (2 c. à soupe)
de gros sel dans le moulin, actionner et secouer
en même temps. Jeter le sel et bien essuyer
le moulin avec un chiffon humide. Laisser sécher.

— Les plats principaux —

* * *

Ramequins d'œufs et jambon

Une solution pour les brunchs du weekend.

/ 054

6 portions

* * *

6 tranches
de pain de mie

—

Beurre

—

6 tranches
de jambon à l'ancienne
découpées en disques d'environ
12,5 cm (5 po) de diamètre

—

6 gros œufs

—

Sel et poivre du moulin

* * *

Garnitures, au choix
(facultatif)

—

Jeunes pousses d'épinards

—

Champignons tranchés
et sautés au beurre

* * *

<u>Préchauffer</u> le four à 180 °C (350 °F).

—

<u>À l'aide d'un rouleau à pâte</u>, écraser
les tranches de pain le plus finement
possible, de façon à garnir le fond
de moules à muffins.

—

<u>Beurrer</u> l'une des faces de chaque
tranche de pain et déposer, face
beurrée, dans les moules. Recouvrir
des tranches de jambon.

—

<u>Si désiré</u>, ajouter la garniture choisie
sur le jambon et compléter avec
1 œuf. Saler et poivrer, au goût.

—

<u>Mettre au four</u> 20 à 25 min ou
jusqu'à ce que l'œuf soit cuit.

* * *

Servir
Accompagner d'une salade
de pousses d'épinards, un mesclun
ou une verdure de saison.
—
Avec une salsa de tomates.
—
Avec des tomates arrosées
d'un filet d'huile d'olive et garnies
d'herbes fraîches.

Variante
Omettre le pain si désiré.

Soufflés au fromage en deux temps

C'est beau, c'est délicieux, une recette que j'ai goûtée dans un brunch chez mon ami Stéphan Boucher. J'aime bien qu'on puisse les préparer à l'avance, il ne reste plus qu'à les réchauffer à sa guise à toute heure du jour.

6 portions

* * *

15 ml (1 c. à soupe)
de beurre fondu

—

30 ml (2 c. à soupe)
de parmesan râpé
ou 60 ml (1/4 tasse)
de noix de Grenoble ou de pacanes
rôties et moulues

—

45 ml (3 c. à soupe)
de beurre

—

60 ml (1/4 tasse)
de farine tout usage

—

250 ml (1 tasse)
de lait

—

250 ml (1 tasse)
de fromage gruyère
ou cheddar fort râpé

—

4 œufs
(jaunes et blancs séparés)

—

80 ml (1/3 tasse)
d'herbes fraîches hachées, au choix
(ciboulette, persil, aneth, basilic)

—

Sel et poivre du moulin

* * *

Préchauffer le four à 180 °C (350 °F).
Beurrer 6 ramequins de 180 ml
(3/4 tasse) de beurre fondu et les
saupoudrer de parmesan râpé ou
de noix.

—

Dans une petite casserole, fondre le
beurre, ajouter la farine, cuire 1 min
en remuant.

—

Incorporer le lait en fouettant. Porter
à ébullition en remuant. Cuire 3 min.

—

Incorporer le fromage, remuer
jusqu'à ce qu'il soit fondu. Laisser
tiédir au comptoir.

—

Ajouter les jaunes d'œufs, les herbes
choisies, le sel et le poivre. Fouetter
pour bien mélanger.

—

Dans un bol, à l'aide du batteur
électrique, fouetter les blancs avec
une pincée de sel jusqu'à ce qu'ils
soient fermes. Ajouter 1/3 des blancs
au mélange précédent, incorporer en
pliant pour détendre la préparation.

—

Verser le reste des blancs et incorporer en pliant à la spatule. Répartir
également entre les ramequins. Les
déposer dans un moule à cuisson et y
verser de l'eau bouillante à mi-hauteur
des ramequins.

—

Cuire 25 min.

Passer la lame d'un couteau
tout autour de chaque soufflé et
les démouler délicatement.

—

Servir immédiatement.

—

S'ils ne sont pas servis immédiatement,
déposer les soufflés sur une plaque
à cuisson beurrée ou tapissée de
papier parchemin.

—

Les soufflés peuvent ainsi être
réfrigérés et réchauffés 10 min au
four à 220 °C (425 °F).

* * *

Servir
Accompagner d'asperges rôties
(p. 118) et/ou d'une salade verte.

Avec une salade de betteraves
braisées (p. 34).

Soufflés au chèvre

* * *

Remplacer le fromage gruyère ou
cheddar par 250 ml (1 tasse) de
fromage de chèvre frais (bûchette)
émietté.

* * *

Saumon en croûte d'épices

*Le craquant et le parfum de la croûte d'épices
et le moelleux du saumon : un franc succès! Le seul tour de main requis
est de contrôler le feu pour ne pas brûler les épices.*

4 portions

* * *

30 ml (2 c. à soupe)
de graines de coriandre

—

30 ml (2 c. à soupe)
de graines de moutarde

—

15 ml (1 c. à soupe)
de sucre blanc ou d'érable
(facultatif)

—

5 ml (2 c. à thé)
de sel de mer

—

2 ml (1/2 c. à thé)
de poivre concassé

—

4 pavés de saumon
de 150 g (5 oz)

—

30 ml (2 c. à soupe)
d'huile d'olive ou
moitié huile, moitié beurre

* * *

Préchauffer le four à 230 °C (450 °F).

—

Moudre grossièrement les épices dans
un moulin à café ou les broyer au
mortier ou encore les déposer dans
un sac de plastique hermétique et les
écraser à l'aide d'une petite casserole
à fond épais.

—

Mélanger les épices, le sucre, le sel
et le poivre sur une assiette.

—

Enrober le saumon du mélange
d'épices et laisser les fragrances des
épices imprégner la chair du saumon
pendant quelques minutes.

—

Dans une poêle antiadhésive, à feu
moyen, chauffer l'huile.

—

Déposer les pavés et bien colorer
la chair environ 1 min. Attention de
ne pas brûler la croûte d'épices.

Retourner les morceaux de poisson
et saisir l'autre face.

—

Envelopper la poignée de la poêle
d'un papier d'aluminium et poursuivre
la cuisson 5 à 8 min au four, juste
assez pour que le centre du pavé
reste bien rosé.

* * *

*Servir
Immédiatement avec
une purée de pommes de terre
à la roquette (p. 122) et la salade
de betteraves braisées (p. 34).*

—

*Accompagner d'une salade verte
ou de verdures de saison.*

—

*Avec une salade de pommes
de terre tièdes (p. 124).*

Palets de saumon à l'orientale

Y a-t-il encore de la place pour une autre recette de saumon ? Mais oui !

4 portions

* * *

600 g (1 1/3 lb) de saumon frais,
sans la peau ni les arêtes

—

4 à 6 oignons verts ciselés
ou 60 ml (1/4 tasse)
de ciboulette hachée

—

30 ml (2 c. à soupe)
de gingembre râpé
ou 15 ml (1 c. à soupe)
de gingembre mariné,
haché finement

—

Une pincée de cayenne
ou de Sambal Oelek

—

Sel et poivre du moulin

—

Huile d'olive pour la cuisson

* * *

Dans le bol du robot culinaire, hacher grossièrement la moitié du saumon, par touches successives, ou le faire au couteau. Ne pas réduire en purée. Réserver dans un bol.

—

Hacher le reste du saumon de la même manière et l'ajouter à la première partie avec le reste des ingrédients.

Mélanger le tout délicatement.

Réfrigérer quelques heures à l'avance si désiré.

—

Partager également en 4 ou 8 parts et faire des boulettes légèrement aplaties.

Cuire les palets dans une poêle antiadhésive avec une cuillerée d'huile, à feu moyen-fort, 3 min de chaque côté. Ne retourner qu'une seule fois en cours de cuisson et surtout ne pas trop cuire.

* * *

Servir
Accompagner de la salade de cresson nipponne (p. 35), d'épinards ou de bok choy (p. 114).

Pour un burger, tartiner le pain de mayonnaise parfumée d'une pointe de wasabi et garnir de tranches de concombre ou de gingembre mariné.

Palets de saumon à la dijonnaise

4 portions

* * *

600 g (1 1/3 lb) de saumon frais,
sans la peau ni les arêtes

—

4 oignons verts émincés ou
60 ml (1/4 tasse)
de ciboulette hachée

—

30 ml (2 c. à soupe)
de moutarde de Meaux ou de Dijon

—

Paprika ou piment d'Espelette,
au goût

—

Sel et poivre du moulin

—

15 ml (1 c. à soupe) d'huile d'olive
ou huile et beurre à parts égales
pour la cuisson

* * *

Procéder tel que décrit précédemment, en modifiant les ingrédients.

* * *

Servir
Avec une salade de pommes de terre tièdes (p. 124).

—

En burger, garnir de mayonnaise parfumée au jus et au zeste de citron et de laitue.

Prise du jour, sauce à l'orange

*Un heureux mélange du parfum de l'orange, de poisson et d'un légume vert.
C'est prêt en quelques minutes! La sauce, une variante du beurre blanc,
se prépare pendant que le poisson cuit.*

/ 063

4 portions

* * *

Sauce à l'orange

—

15 ml (1 c. à soupe)
de zestes d'orange

—

125 ml (1/2 tasse)
de jus d'orange

—

30 ml (2 c. à soupe)
de jus de citron ou de pernod

—

Sel et poivre du moulin

—

125 ml (1/2 tasse)
de beurre bien froid en dés

* * *

4 filets de poisson frais
selon l'arrivage, en portions
de 150 g (5 oz)

Huile d'olive

* * *

Préchauffer le four à 220 °C (425 °C).

—

Tapisser une plaque à cuisson de
papier parchemin ou d'aluminium.

—

Préparer d'abord tous les ingrédients
de la sauce à l'orange. Prélever le zeste
et presser le jus de l'orange. Découper
le beurre. Réserver au réfrigérateur.

—

Enrober le poisson d'huile, saler
et poivrer.

—

Cuire au centre du four 10 min pour
les poissons plus épais, 5 à 7 min
pour les plus minces.

—

Pendant ce temps, préparer la sauce.
Verser le jus d'orange, le jus de citron
ou le pernod et les zestes d'orange
dans une petite casserole.

—

Porter à ébullition et laisser réduire
1 min à feu élevé. Saler et poivrer.

Ajouter les morceaux de beurre,
quelques-uns à la fois, en fouettant
entre chaque addition.

—

En napper immédiatement le poisson.

* * *

*Servir
avec des bok choy ou
un légume vert de votre choix
et du riz basmati (p. 128) ou
une purée (p. 122-123).*

*Variante
La sauce à l'orange
accommode parfaitement
les asperges.*

Crevettes sautées, émulsion de gingembre

Le chef Fabrice Coutanceau m'a fait découvrir cette sauce qu'il sert avec du homard.
Je l'ai récupérée et l'utilise pour napper les légumes, le riz, un poisson grillé… et les crevettes.

4 portions

* * *

Émulsion au gingembre

—

60 ml (1/4 tasse)
de bouillon de poulet

—

15 ml (1 c. à soupe)
de tamari ou de sauce soya

—

15 ml (1 c. à soupe)
de vinaigre de xérès
ou de vinaigre de riz

—

30 ml (2 c. à soupe)
de gingembre frais haché

—

60 ml (1/4 tasse)
d'huile d'olive

* * *

4 poireaux moyens parés,
bien lavés

—

75 ml (5 c. à soupe)
d'huile d'olive

—

Sel et poivre du moulin

—

650 g (1 1/2 lb)
de grosses crevettes décortiquées

—

5 ml (1 c. à thé)
de piments broyés
ou 1 piment oiseau émincé

* * *

Préparer d'abord l'émulsion au gingembre. Dans une petite casserole, porter à ébullition le bouillon de poulet, le tamari, le vinaigre et le gingembre.

—

Verser le mélange dans la tasse du mélangeur et actionner. Verser l'huile en filet jusqu'à l'obtention d'une sauce émulsionnée. Réserver.

—

Préchauffer le four à 200 °C (400 °F).

—

Blanchir les poireaux à l'eau bouillante salée 2 min.

—

Arrêter la cuisson en les immergeant dans un bol d'eau glacée. Égoutter et couper les poireaux en deux morceaux et chacun en deux sur la longueur.

—

Sur une plaque à cuisson, disposer le poireau en une seule épaisseur. Verser 45 ml (3 c. à soupe) d'huile sur le poireau, saler et poivrer.

—

Cuire au four pendant environ 15 min en les retournant deux fois durant la cuisson. Les poireaux sont prêts lorsque les extrémités sont bien dorées. Réserver au chaud.

—

Pendant ce temps, dans une grande poêle, chauffer l'huile restante à feu élevé, et sauter les crevettes, 3 à 5 min, jusqu'à ce que les crevettes changent de couleur. En fin de cuisson, saler, poivrer et ajouter les piments broyés.

* * *

Au service
Placer les poireaux dans chaque assiette chaude, disposer les crevettes et napper de sauce.

Variante
Remplacer les poireaux par des bok choy ou un légume vert et servir avec du riz basmati (p. 128).

Soupe-repas asiatique au poulet

Chaud, remontant, réconfortant… et tout ça dans un seul bol.

4 portions

* * *

200 g (7 oz)
de nouilles aux œufs chinoises
ou soba

—

30 ml (2 c. à soupe)
de sauce soya

—

15 ml (1 c. à soupe)
de miel

—

2 gousses d'ail hachées

—

4 hauts
de cuisses de poulet désossés
ou 4 suprêmes de 120 g (4 oz)

—

1,5 l (6 tasses)
de bouillon de poulet concentré
ou de légumes

—

30 à 45 ml (2 à 3 c. à soupe)
de gingembre frais râpé

—

30 ml (2 c. à soupe)
de citronnelle* finement hachée
ou le zeste fin d'un citron
ou de deux limes

* * *

Légumes, au choix

—

Bok choy ou chou nappa émincé

—

Champignons cremini (café) émincés
ou shiitake dont on aura retiré le pied

—

Carottes en julienne,
jeunes pousses d'épinards
ou oignons verts émincés

—

Brocoli en petits bouquets

* * *

Préchauffer le four à 220 °C (425 °F).

—

Tapisser une plaque à cuisson
d'une feuille de papier parchemin
ou d'aluminium.

—

Dans une casserole, porter de l'eau à
ébullition pour la cuisson des nouilles.
Retirer du feu.

—

Dans un bol, mélanger la sauce soya,
le miel et une gousse d'ail. Y laisser
mariner le poulet quelques minutes.

—

Déposer le poulet sur la plaque à
cuisson et cuire au four 15 min ou
jusqu'à ce qu'il soit cuit. Rabattre
le papier sur le poulet et réserver
au chaud.

—

Cuire les nouilles selon les indications
du fabricant. Égoutter et rincer sous
l'eau froide. Réserver.

—

Dans une casserole, porter le bouillon
à ébullition et y ajouter le gingembre,
la citronnelle ou le zeste de citron ou
de lime et l'autre gousse d'ail. Laisser
mijoter 5 min à mi-couvert.

—

Peu de temps avant de servir, ajouter
au bouillon 375 ml (1 1/2 tasse) de
légumes par portion et cuire quelques
minutes seulement pour les garder
bien croquants.

—

Émincer le poulet et le réserver
au chaud.

—

Déposer les nouilles dans une passoire
et les tremper 1 min dans la soupe
bouillante pour les réchauffer.

* * *

Au service
Partager les nouilles dans
le fond de grands bols à soupe et
recouvrir avec les légumes.
Garnir avec des morceaux de poulet
et y verser le bouillon chaud.

Accompagner
d'un assortiment de condiments
tels que sauce soya ou tamari,
Sambal Oelek, pâte de piments à l'ail,
coriandre fraîche.

*Pour parer la citronnelle, couper la tige à 15 cm
(6 po) à partir de la base. Retirer les deux ou trois
premières couches extérieures pour ne conserver
que le cœur. Hacher le plus finement possible au
couteau ou au moulin à café. Garder le reste des
tiges pour parfumer des bouillons. Se congèle bien.

Poulet au fromage et aux légumes rôtis

*Le poulet cuit en même temps que les légumes :
un plat simple, savoureux et réconfortant.*

4 portions

* * *

Légumes rôtis

—

4 carottes pelées et coupées en 2
sur la longueur

—

4 panais pelés et coupés en 2
sur la longueur

—

4 petits poireaux
bien nettoyés et coupés en 2
sur la longueur

—

8 pommes de terre grelots

—

60 ml (4 c. à soupe)
d'huile d'olive

—

Sel et poivre du moulin

* * *

125 ml (1/2 tasse)
de fromage ricotta

—

125 ml (1/2 tasse)
d'herbes, au choix
(ciboulette, sauge, basilic,
thym ou romarin)

—

10 ml (2 c. à thé)
de zestes de citron râpés

—

Ail haché finement, au goût

—

Sel et poivre du moulin

—

4 morceaux de poulet
avec la peau
(Je préfère les cuisses)

* * *

Préchauffer le four à 190 °C (375 °F).
Tapisser de papier parchemin ou
d'aluminium une grande plaque à
cuisson ou 2 moyennes.

Déposer tous les légumes sur la
plaque en une seule couche.

Verser l'huile en filet sur les légumes,
saler et poivrer généreusement.

Avec les mains, enrober les légumes
d'huile.

Dans un petit bol, mélanger la
ricotta, les herbes, les zestes de
citron, l'ail, le sel et le poivre.

Avec les doigts, décoller la peau de la
chair du poulet sans déchirer la peau.
Insérer environ 30 ml (2 c. à soupe)
de fromage aux herbes sous la peau
de chaque morceau de poulet.

Déposer le poulet sur la plaque entre
les légumes. Saler et poivrer le poulet,
particulièrement le côté sans fromage.

Cuire 45 min au centre du four ou
jusqu'à ce que le poulet soit doré et
bien cuit. Tourner les légumes deux
fois en cours de cuisson et les retirer
s'ils sont prêts avant le poulet.

* * *

Servir
*tel quel ou avec la sauce au vinaigre
balsamique (ci-dessous).*

Note
*Si vous utilisez une seule plaque
à cuisson, la placer au centre du four.
Si vous devez utiliser deux plaques,
en placer une au centre et l'autre sur
la grille du bas en faisant l'alternance
à chaque 15 min et en augmentant
légèrement les temps de cuisson.*

Sauce au vinaigre balsamique

* * *

250 ml (1 tasse)
de bouillon de poulet faible en sel

—

80 ml (1/3 tasse)
de vinaigre balsamique

—

45 ml (3 c. à soupe)
de beurre froid en dés

* * *

Porter à ébullition le bouillon et
le vinaigre et faire réduire à 180 ml
(3/4 tasse).

—

Retirer du feu et ajouter le beurre
au fouet.

—

Servir immédiatement

* * *

Poulet aux herbes

* * *

Omettre le fromage et lier la garniture
avec un peu d'huile.

* * *

Casserole de poulet à la pancetta

Un plat simple et convivial.

4 portions

* * *

650 g (1 1/2 lb)
de hauts de cuisses de poulet
désossés (8 à 12 selon la taille)

—

10 ml (2 c. à thé)
de graines de fenouil écrasées
(facultatif)

—

15 ml (1 c. à soupe)
d'herbes de Provence
ou 45 ml (3 c. à soupe)
de romarin haché finement
ou de thym frais

—

2 gousses d'ail écrasées

—

Zestes de 2 citrons râpés

—

45 ml (3 c. à soupe)
d'huile d'olive

—

Sel et poivre du moulin

—

1 gros oignon émincé

—

4 gousses d'ail entières

—

8 à 12 tranches de pancetta

—

60 ml (1/4 tasse)
de bouillon de poulet

—

Jus de 1 citron

* * *

Préchauffer le four à 220 °C (425 °F).

Sur un plan de travail, ouvrir les
hauts de cuisses désossés.

Dans un petit bol, mélanger les
graines de fenouil, les herbes, l'ail,
le zeste et 15 ml (1 c. à soupe)
d'huile d'olive.

Répartir également sur le poulet,
saler, poivrer et refermer la viande
pour former de petits baluchons.

Verser la moitié de l'huile dans
un plat allant au four.

Y mettre l'oignon, l'enrober d'huile.
Déposer le poulet et les gousses d'ail
entières sur l'oignon.

Placer une tranche de pancetta sur
chaque baluchon.

Verser le bouillon de poulet et
le jus de citron.

Cuire 40 à 45 min à découvert.
Ajouter à mi-temps du bouillon
au besoin.

* * *

Servir
Accompagner d'un tian courgettes
et tomates (p. 112).

—

Avec une purée de pommes de terre
parfumée (p. 122) et
des tomates cerises rôties (p. 118).

—

Avec la peperonata (p. 120).

Escalopes de dinde piccata

Il y a de ces classiques dont on ne se lasse pas...
surtout quand il y a du citron!

4 portions

* * *

Sel et poivre du moulin

—

160 ml (2/3 tasse)
de farine instantanée ou tout usage

—

4 escalopes de dinde
ou de poulet de 150 g (5 oz)

—

60 ml (4 c. à soupe)
de beurre froid

—

30 ml (2 c. à soupe)
d'huile d'olive

—

125 ml (1/2 tasse)
de vin blanc ou de Noilly Prat

—

180 ml (3/4 tasse)
de bouillon de poulet

—

45 ml (3 c. à soupe)
de jus de citron

—

30 ml (2 c. à soupe)
de câpres rincées

—

60 ml (1/4 tasse)
de persil plat haché grossièrement

* * *

Saler, poivrer et fariner les escalopes.

Dans une poêle antiadhésive, fondre 15 ml (1 c. à soupe) de beurre dans la même quantité d'huile à feu élevé jusqu'à ce que le beurre mousse.

Saisir les escalopes, deux à la fois, 1 min de chaque côté pour bien les colorer en ne les retournant qu'une seule fois.

Réserver les escalopes au chaud sur une assiette de service.

Répéter avec les deux autres escalopes.

Jeter le gras de cuisson et déglacer la poêle avec le vin blanc en prenant soin de bien gratter avec une cuillère en bois les sucs attachés au fond.

Verser le bouillon et laisser réduire de moitié.

Ajouter le jus de citron, les câpres, le persil et le reste du beurre (facultatif) et mélanger constamment jusqu'à ce que le beurre soit incorporé à la sauce.

Napper les escalopes de sauce.

On peut préparer les escalopes à l'avance et les réchauffer dans la sauce en l'allongeant d'un peu de bouillon si nécessaire.

* * *

Servir
Avec des pâtes aux herbes ou
au pesto de tomates séchées.

—

Avec des haricots verts rôtis (p. 118)
ou autre légume vert (p. 114).

Variante
Pour la période des fêtes,
remplacer les câpres par des
canneberges séchées.

Poitrine de dinde au pamplemousse

Si la famille est nombreuse,
deux poitrines de dinde pourront mariner dans la même quantité de saumure.
Ce type de préparation permet d'obtenir une viande blanche tendre et juteuse
à condition, bien sûr, de ne pas trop la cuire.

/ 074

6 portions

* * *

Saumure

—

2 l (8 tasses)
d'eau froide

—

125 ml (1/2 tasse)
de sel

—

45 ml (3 c. à soupe)
de sucre

—

5 ml (1 c. à thé)
de poivre noir concassé

—

2 gousses d'ail écrasées

* * *

1 poitrine de dinde
d'environ 1 kg (2 lb) ficelée
sans la peau

—

30 ml (2 c. à soupe)
d'huile

—

5 échalotes françaises
ou 3 petits oignons tranchés

—

15 ml (1 c. à soupe)
de zeste râpé et
125 ml (1/2 tasse)
de jus de pamplemousse

—

125 ml (1/2 tasse)
de vin blanc ou de Noilly Prat

—

375 ml (1 1/2 tasse)
de bouillon de poulet*

—

125 ml (1/2 tasse)
de canneberges séchées (facultatif)

—

30 ml (2 c. à soupe)
de beurre froid en cubes

* * *

Verser tous les ingrédients de la saumure dans un bol et mélanger jusqu'à ce que le sel et le sucre soient dissous. —

Déposer la poitrine de dinde dans le mélange et laisser saumurer 3 h au réfrigérateur.

Retirer la dinde de la saumure et l'éponger avec du papier absorbant. Ficeler, si désiré.

Préchauffer le four à 180 °C (350 °F).

Dans une grande poêle, saisir la poitrine de dinde dans l'huile et la retourner pour la colorer de toutes parts. Ajouter les échalotes françaises ou les oignons. —

Envelopper le manche de la poêle de papier d'aluminium. Cuire 1 h au centre du four.

Ajouter le zeste et le jus de pamplemousse, le vin blanc, le bouillon et les canneberges.

Poursuivre la cuisson pendant 15 min ou jusqu'à ce que la température interne de la dinde atteigne 70 °C (160 °F).

Retirer la dinde du four, la couvrir d'un papier d'aluminium et laisser reposer 15 min. La température interne continuera à monter jusqu'à 75 °C (170 °F).

Pendant ce temps, faire réduire le jus de cuisson (sans le passer) 2 min à feu élevé.

Ajouter les morceaux de beurre froid, un à la fois, en fouettant.

Trancher la dinde, la servir dans le jus de cuisson.

* * *

Servir
avec la purée de patates douces,
sans les olives (p. 123),
des petits pois ou des haricots verts.

*Le bouillon de poulet peut être remplacé par du fond de veau ou un mélange égal de bouillon de poulet et de fond de veau.

Tourte de dinde et de canard

Une recette de mon amie Michelle Gélinas.

Une tourte festive qui demande du temps mais qui a l'immense avantage de se préparer à l'avance,
de pouvoir se congeler et donc qui permet de recevoir sans travailler à la dernière minute.

/ 076

10 portions

* * *

120 g (4 oz) de lardons blanchis

—

Graisse de canard ou
huile d'olive en quantité suffisante

—

750 g (1 1/2 lb) de dinde désossée,
en dés (une demi-poitrine)

—

500 g (1 lb) de chair de canard
en dés (une poitrine)

—

1 oignon haché finement

—

2 gousses d'ail hachées finement

—

30 ml (2 c. à soupe) de farine

—

180 ml (3/4 tasse)
de bouillon de bœuf

—

125 ml (1/2 tasse)
de canneberges séchées

—

5 ml (1 c. à thé) de sarriette séchée

—

5 ml (1 c. à thé) de thym séché

—

2 ml (1/2 c. à thé)
de clou de girofle moulu

—

Sel et poivre du moulin

—

1 1/2 recette de pâte brisée
préparée à l'avance (p. 179)
ou 1 kg (2 lb)
de pâte brisée du commerce

—

Gros sel (facultatif)

* * *

Dorure

—

1 jaune d'œuf avec
15 ml (1 c. à soupe) d'eau froide

* * *

Préchauffer le four à 200 °C (400 °F).

—

Dans une grande poêle, colorer les
lardons dans 30 ml (2 c. à soupe) de
graisse de canard 5 min. Les égoutter
sur du papier absorbant. Réserver
dans un grand bol.

—

Réserver 60 ml (1/4 tasse) du gras
de cuisson dans la poêle.

* * *

Dans la même poêle, cuire la dinde
et le canard jusqu'à ce que la viande
soit bien colorée et cuite.

—

Dans une passoire, égoutter la viande
et la réserver avec les lardons.

—

Dans la même poêle, fondre 30 ml
(2 c. à soupe) de graisse de canard,
y faire suer l'oignon et l'ail à
feu moyen.

—

Ajouter la farine, cuire en remuant
2 min à feu doux.

—

Ajouter le bouillon en remuant,
faire mijoter doucement 5 min.

—

Verser la sauce sur les viandes,
ajouter les canneberges, les fines
herbes et le clou de girofle, saler
et poivrer. Mélanger et tiédir
au comptoir.

Sur un plan de travail fariné,
abaisser la moitié de la pâte, foncer
une assiette à tarte profonde de
25 cm (10 po) beurrée. Verser la
garniture dans l'abaisse. Mouiller
le pourtour de la pâte.

—

Abaisser le reste de la pâte, couvrir
la tourte en pressant bien les deux
pâtes l'une sur l'autre. Festonner le
tour de la tourte.

—

Badigeonner de dorure, saupoudrer
de gros sel, si désiré.

—

Cuire au four 60 min.

* * *

Servir
accompagnée d'une salade
de betteraves braisées (p. 34),
d'une salade de verdures et
de sauce aux canneberges (p. 170).

Conservation
Pour congeler la tourte : avant de
cuire, envelopper soigneusement la
tourte de pellicule de plastique puis
de papier d'aluminium. Se conserve
au congélateur jusqu'à 3 mois.
Le moment venu, décongeler la tourte
au réfrigérateur pendant 36 heures.
Badigeonner de dorure, cuire au four
tel qu'indiqué.

Confit de canard

(Idées pour le servir)
Quand vous mettez la main sur du confit déjà préparé, faites-en provision.
Il se conserve longtemps et s'apprête de multiples façons.
Un dépanneur fort élégant!

4 portions
* * *
4 morceaux de confit
de canard du commerce
* * *

<u>Préchauffer</u> le four à 180 °C (350 °F).

<u>Sur une plaque</u>, déposer les morceaux de confit. Recouvrir de papier d'aluminium et les réchauffer environ 20 min ou jusqu'à ce qu'ils soient chauds.

—

<u>Au moment de servir</u>, mettre sous le gril 3 à 4 min pour obtenir une peau croustillante.

* * *

Idées pour servir le confit
* * *
Avec des légumes rôtis
au choix (p. 117-118).

—

Accompagner d'une salade verte
aux raisins frais.

—

Avec la salade de betteraves
braisées (p. 34).

—

Désosser les confits et les servir
dans un plat à cuisson, en Parmentier,
c'est-à-dire avec oignons intercalés
entre deux couches d'une purée de
pommes de terre (p. 122) ou
d'une purée de céleri-rave (p. 123)
et accompagner d'une salade verte.

—

Avec la potée de lentilles (p. 126).

—

Avec la salade de
cresson nipponne (p. 35) et
des champignons sautés.

* * *

Sandwich aux légumes, au confit et à la sauce hoisin

* * *
Tortillas
—
Sauce hoisin en quantité suffisante
—
Carottes en fine julienne
—
Oignons verts en fine julienne
—
Concombre en fine julienne
—
Germes de soya très frais
—
Confit de canard désossé,
défait en bouchées
* * *

<u>Emballer</u> les tortillas dans une feuille de papier d'aluminium. Les réchauffer 5 min à la fin de la cuisson des confits.

—

<u>Au centre d'une tortilla chaude</u>, tartiner une large bande de sauce hoisin. Sur cette bande, déposer des légumes et des bouchées de confit.

—

<u>Replier</u> la tortilla sur la garniture.

* * *

Filet de porc à l'asiatique

Ce n'est pas qu'on manque de recettes de filets de porc au Québec!
Dans celle que je vous propose, les filets cuisent en même temps que les légumes d'accompagnement,
ce qui en fait un plat unique et rapide pour recevoir simplement.

/ 080

4 portions

* * *

Marinade
—
45 ml (3 c. à soupe)
de sauce soya ou de tamari
—
30 ml (2 c. à soupe)
d'huile d'arachide ou végétale
—
30 ml (2 c. à soupe)
de jus de limette
—
30 ml (2 c. à soupe)
de miel ou de sirop d'érable
—
1 gousse d'ail émincée
—
1 ml (1/4 c. à thé)
de flocons de piment
ou de Sambal Oelek

* * *

1 gros filet de porc de 600 g (20 oz)
ou 2 filets de 300 g (10 1/2 oz)
—
500 g (1 lb) de haricots verts
ou d'asperges
—
225 g (8 oz)
de champignons cremini (café)
—
225 g (8 oz)
de pleurotes en gros morceaux
—
4 gousses d'ail écrasées
—
60 ml (1/4 tasse) d'huile d'olive
—
Sel et poivre du moulin
—
250 ml (1 tasse)
de bouillon de poulet
—
125 ml (1/2 tasse) de persil plat,
de ciboulette ou de tomates en dés

* * *

Dans un sac de plastique hermétique, verser tous les ingrédients de la marinade, bien mélanger. Ajouter le ou les filets de porc, bien les enrober de marinade, refermer le sac.
—
Laisser mariner au réfrigérateur 30 min ou plus.
—
Préchauffer le four à 200 °C (400 °F).
—
Retirer les filets de la marinade et la réserver.
—
Dans une grande poêle, saisir la viande de toutes parts à chaleur vive environ 4 min. Réserver au chaud.
—
Sur une grande plaque à cuisson huilée, disposer les haricots, les champignons et l'ail, en évitant d'empiler les légumes.
—
Arroser d'huile d'olive, assaisonner. Remuer pour bien enrober les légumes.
—
Déposer le ou les filets de porc sur les légumes.
—
Cuire à découvert 15 à 20 min ou jusqu'à ce que la température interne de la viande atteigne 63 à 65 °C (145 à 150 °F) sur un thermomètre à lecture rapide. Laisser reposer au comptoir 10 min à couvert.
—
Pendant ce temps, verser la marinade et le bouillon de poulet dans une petite casserole et porter à ébullition. Laisser mijoter 5 min.

* * *

Servir
garni de persil, de ciboulette
ou de dés de tomates et accompagné
de sauce.

Variante
Pour les inconditionnels des féculents,
ajouter aux légumes 8 petites
pommes de terre grelots coupées en 2
et précuites à l'eau bouillante salée.

Saucisses italiennes aux raisins

J'aime la spontanéité!
La cuisson au gaz naturel me convient pour sa réaction vive. La flamme fusionne les arômes,
saisit les aliments, caramélise sur commande… bonifie mes aliments.

4 portions

* * *

600 g (1 1/3 lb)
de saucisses italiennes

—

30 ml (2 c. à soupe)
d'huile d'olive

—

750 ml (3 tasses)
de raisins rouges sans pépin
bien sucrés ou, en saison,
des raisins de muscat épépinés

—

Sel et poivre du moulin

—

Huile d'olive
(facultatif)

* * *

Piquer les saucisses à plusieurs
reprises avec une fourchette. Les
déposer dans une casserole remplie
d'eau chaude, porter à ébullition
et les blanchir 5 min.

Retirer les saucisses de l'eau et
les éponger. —

Couper les saucisses en deux ou
trois tronçons. —

Dans une grande poêle, chauffer
l'huile et y faire dorer les saucisses
5 à 8 min en les retournant quelques
fois durant la cuisson. —

Réserver 30 ml (2 c. à soupe) du gras
de cuisson dans la poêle ou retirer
le gras de cuisson, et remplacer par
2 cuillerées d'huile d'olive.

Ajouter les raisins. —

Cuire, à feu moyen, à mi-couvert, en
remuant régulièrement de 5 à 10 min.

* * *

Servir
avec de la polenta (p. 129),
des haricots verts, des rapinis
ou une purée de pommes de terre
parfumée (p. 122).

Note
Si les raisins rendent trop de jus,
les retirer, ainsi que les saucisses,
à l'aide d'une cuillère trouée.
Faire réduire le jus à feu élevé jusqu'à
consistance sirupeuse. Remettre les
raisins et les saucisses dans la sauce.

Saucisses aux figues

Délicieux mariage de saucisse et de fruit de la chef Franca Mezza
pour célébrer la trop courte saison des figues.

4 portions

* * *

4 saucisses italiennes douces
ou fortes ou des chorizos

—

Huile d'olive

—

8 figues fraîches ou séchées

—

Fines herbes fraîches
(thym, basilic ou sauge)

* * *

Dans une poêle, dorer les saucisses
dans l'huile. —

Pratiquer quatre incisions dans
les saucisses. —

Poursuivre la cuisson jusqu'à ce
qu'elles soient cuites. —

Réduire la chaleur, disposer les
figues parmi les saucisses avec
l'herbe choisie.

Cuire juste pour chauffer les figues
en agitant la poêle. —

Couper les saucisses en tronçons.
Déposer tel quel sur un plat de service
chaud avec les herbes entremêlées.

* * *

Champvallon

(Oignons, cubes de viande, pommes de terre)

Notre visite chez le chef Martin Picard nous a fait redécouvrir le Champvallon, un classique français.
Un plat unique et convivial. Idéal pour recevoir.

/ 084

6 à 8 portions

* * *

1,2 kg (2 1/3 lb)
d'épaule d'agneau ou de porc
ou de gibier en cubes

—

Huile ou beurre
en quantité suffisante

—

Sel et poivre du moulin

—

Bouillon de poulet
en quantité suffisante

—

6 gros oignons tranchés

—

6 pommes de terre jaunes
pelées, émincées

—

45 ml (3 c. à soupe)
d'ail haché, au goût

—

Thym frais, au goût
ou 10 ml (2 c. à thé) séché

—

Beurre
(facultatif)

* * *

Dans une grande poêle, saisir la viande dans le beurre pour bien la colorer. Saler et poivrer en cuisant et réserver.

—

Retirer le gras de cuisson et déglacer la poêle avec le bouillon en grattant les sucs attachés au fond. Assaisonner, réserver à part.

—

Dans la même poêle, fondre du beurre, y caraméliser doucement les oignons 15 à 20 min en remuant souvent, jusqu'à ce qu'ils soient bien dorés.

—

Réserver aussi séparément.

Préchauffer le four à 200 °C (400 °F).

Dans un grand plat à cuisson, disposer un rang de pommes de terre en rosace. Saler. Répartir la moitié des oignons sur les pommes de terre. Ajouter l'ail et le thym.

Étaler toute la viande, l'assaisonner d'ail et de thym. Bien couvrir du reste des oignons, répéter l'assaisonnement, au goût.

—

Couvrir enfin d'un autre rang de pommes de terre en rosace. Saler.

Mouiller avec le jus de cuisson en pressant le Champvallon pour bien le couvrir de bouillon. Mettre quelques noisettes de beurre, si désiré.

Couvrir de papier d'aluminium. Déposer le plat sur une plaque à cuisson avant de le mettre au four.

—

Après 30 min, réduire la chaleur à 160 °C (325 °F).

—

Cuire à couvert environ 2 h ou jusqu'à ce que la viande soit tendre.

Découvrir pour les dernières 30 min de cuisson.

—

Terminer la cuisson à 230 °C (450 °F) pour bien dorer si nécessaire.

* * *

Servir
Comme le fait le chef Martin Picard, accompagné de moutarde et de gros sel de mer.

—

Avec une salade de verdure de saison et d'une vinaigrette moutardée.

Agneau braisé en papillote

Il y a quelque chose de ludique dans le fait d'emballer une pièce de viande avec quelques branches d'herbes
et de la servir cinq heures plus tard, juteuse et savoureuse… merci à mes amis Roger et Françoise.
La première fois que j'ai goûté cette recette, on l'avait réalisée avec un gigot. Je l'ai reprise ici avec une épaule d'agneau.
C'est tout aussi bon et plus économique.

4 portions

* * *

Huile d'olive
en quantité suffisante

—

10 ml (2 c. à thé)
de sel

—

Poivre du moulin

—

1 épaule d'agneau
de 1 kg (2 lb)
ou 1 gigot raccourci
de 2 kg (4 1/4 lb)

—

4 grosses branches
de romarin

—

8 gousses d'ail
en chemise

* * *

Préchauffer le four à 120 °C (250 °F).

—

Déposer 2 à 3 feuilles de papier parchemin ou d'aluminium de 60 cm (2 pi) de longueur en croix dans une lèchefrite.

—

Huiler, saler et poivrer l'agneau.

—

Déposer sur le papier la moitié du romarin et les gousses d'ail et, par-dessus, la viande.

—

Ajouter le reste du romarin.

—

Bien emballer hermétiquement la pièce de viande en formant une papillote. Ajouter une troisième feuille, au besoin, car il est important de bien sceller pour que le jus ne s'échappe pas.

—

Cuire au four 5 h.

—

Ouvrir la papillote et en retirer le jus.

—

Découper la viande à la cuillère de service sans essayer de la trancher et la servir avec le jus de cuisson et une gousse d'ail par personne que l'on écrase dans le jus.

* * *

Servir
Avec une potée de lentilles (p. 126).

—

Avec des haricots verts blanchis et réchauffés dans un peu d'huile d'olive.

—

Avec une purée de pommes de terre aux petits pois ou au citron (p. 122) ou une purée de patates douces (p. 123).

Hachis d'agneau

* * *

Pourquoi ne pas profiter de l'occasion et faire cuire deux pièces de viande ? On pourra avec les restes préparer un délicieux hachis

* * *

Dans une poêle, faire blondir un oignon émincé dans un peu de beurre ou d'huile d'olive.

—

Mettre les oignons dans un plat allant au four généreusement beurré et couvrir d'agneau coupé en morceaux.

—

Écraser les gousses d'ail dans le jus de cuisson et verser sur la viande.

—

Assaisonner au goût.

—

Couvrir d'une purée de pommes de terre parfumée au citron ou aux petits pois (p. 122), d'une purée de patates douces aux olives (p. 123) ou d'une purée de céleri-rave (p. 123).

—

Cuire au four à 180 °C (350 °F) 30 min.

* * *

Accompagner de ketchup, de chutney ou d'une salade de verdure.

Braisé de bœuf à l'anis étoilé

Le plaisir d'un plat braisé, une préparation simple parfumée à l'anis étoilé.
Si vous mettez la main sur des bouts de côtes,
essayez cette version, l'os ajoutant une saveur particulière.

5 à 6 portions

* * *

Sel et poivre du moulin

—

1,6 kg (4 lb) de rôti de palette
ou de rôti de côtes croisées
ou 2,25 à 2,75 kg (5 à 6 lb)
de bouts de côtes parés

—

45 ml (3 c. à soupe)
d'huile végétale

—

3 oignons jaunes en quartiers
ou 2 bottes d'oignons verts émincés

—

6 carottes
en gros tronçons

—

4 gousses d'ail écrasées

—

750 ml (3 tasses)
de bouillon de bœuf

—

80 ml (1/3 tasse)
de sauce soya ou tamari

—

30 ml (2 c. à soupe)
de pâte de tomates

—

15 à 30 ml (1 à 2 c. à soupe)
de cassonade

—

1 morceau de 5 cm (2 po)
de gingembre tranché

—

4 anis étoilé ou badiane

* * *

Préchauffer le four à 160 °C (325 °F).

—

Saler et poivrer généreusement
la viande.

—

Dans une grande lèchefrite ou dans
une grande cocotte, faire revenir la
viande, de toutes parts, à feu moyen-
vif, dans 30 ml (2 c. à soupe) d'huile,
jusqu'à ce qu'elle soit bien colorée.
Réserver.

—

Retirer le gras de cuisson, faire
colorer les oignons et les carottes à
feu moyen pendant environ 5 min
dans le reste de l'huile.

—

Ajouter l'ail et poursuivre la cuisson
1 min.

—

Déposer la viande sur les légumes.
Ajouter le bouillon, la sauce soya,
la pâte de tomates, la cassonade,
le gingembre et l'anis étoilé.

—

Porter à ébullition et cuire au four
à couvert pendant au moins 3 h ou
jusqu'à ce que la viande se détache
des os.

—

Après une heure de cuisson, retourner
les morceaux de viande et s'assurer
que le niveau du liquide couvre au
moins la moitié de la viande. Vérifier
de nouveau le niveau de l'eau 1 h
plus tard.

Lorsqu'elle est cuite, retirer la viande
de la sauce et réserver au chaud.

—

Dégraisser la sauce et la filtrer dans
une passoire, si désiré, en pressant
bien sur les légumes pour en extraire
le plus de jus possible.

—

Remettre la viande dans la sauce
dégraissée. Découper la viande à la
cuillère de service sans essayer de
la trancher.

* * *

Servir
Accompagner d'une purée de
pommes de terre, au choix (p. 122).

—

Avec des bok choy (p. 114).

—

Ou un légume vert (p. 114).

Osso buco au fenouil avec gremolata

… et puis c'est tellement bon réchauffé!

/ 090

6 portions

* * *

Sel et poivre du moulin

—

6 tronçons de 4 cm (1 1/2 po)
de jarrets de veau
(1,5 kg/3 lb)

—

Farine
en quantité suffisante
(facultatif)

—

Huile d'olive
en quantité suffisante

—

2 bulbes de fenouil parés (p. 173),
en quartiers

—

250 ml (1 tasse)
de jus d'orange

—

2 longs rubans
de zeste d'orange

—

250 ml (1 tasse)
de bouillon de poulet
ou de fond de veau

—

1 boîte de 398 ml (14 oz)
de tomates en morceaux

—

1 feuille de laurier

—

5 ml (1 c. à thé)
de graines de fenouil écrasées

* * *

Préchauffer le four à 190 °C (375 °F).

—

Saler, poivrer les morceaux de viande
et les fariner, si désiré.

—

Dans une casserole, chauffer l'huile
à feu moyen-vif.

—

Faire revenir la viande sur chaque
face environ 2 min de chaque côté.
Réserver la viande.

—

Faire revenir les fenouils dans un peu
d'huile pour les colorer légèrement.
Les réserver.

—

Réduire la chaleur, déglacer avec le
jus d'orange en grattant bien les sucs
attachés au fond de la casserole.

—

Remettre dans la casserole la viande
et ajouter les zestes, le bouillon,
les tomates, le laurier, les graines de
fenouil, saler et poivrer, au goût.

—

Cuire au four pendant 45 min,
à couvert.

—

Retourner les jarrets, ajouter le fenouil
et couvrir.

—

Poursuivre la cuisson 45 min
jusqu'à ce que la viande soit tendre
et se détache facilement de l'os.

* * *

Servir
Accompagner d'une pâte au beurre
ou à l'huile. Enrober de gremolata
(ci-dessous).

Avec une purée de pommes de terre
au safran ou autre (p. 122).

Ou de polenta (p. 129).

Variante
On peut ajouter des carottes
au même moment que le fenouil.

Gremolata

* * *

Persil plat
haché finement

—

Zeste fin de citron,
d'orange ou les deux

—

Ail (facultatif)

* * *

Préparer la gremolata en mélangeant
tous les ingrédients et en saupoudrer,
au service, chaque portion.

—

À saupoudrer en garniture sur les
purées, les pâtes, le riz ou les braisés.
Se prépare à l'avance et se conserve
au réfrigérateur quelques heures.

* * *

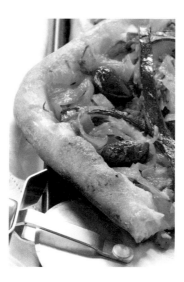

— Les pâtes, pizzas —
et sandwichs grillés

* * *

Sauce tomate

Il en faut une! Voici une recette de base que vous pourrez apprêter «à toutes les sauces».
Je vous suggère ici deux façons de la servir : accompagnée d'un coulis au parmesan, l'autre parfumée à la menthe
Laissez libre cours à votre inspiration.

Quantité suffisante
pour 500 g (1 lb) de pâtes
* * *
45 ml (3 c. à soupe)
d'huile d'olive ou de beurre
—
1 à 2 gousses d'ail
dégermées, hachées
—
1 boîte de 796 ml (28 oz)
de tomates italiennes en dés ou
entières hachées au robot
—
Sel
—
Sucre (facultatif)
—
125 ml (1/2 tasse)
de basilic frais haché
—
60 ml (1/4 tasse)
de persil plat haché
* * *

Dans une casserole, chauffer l'huile
ou le beurre.
—
Faire revenir l'ail à feu doux sans
le laisser prendre couleur.
—
Ajouter les tomates, le sel, le sucre
si désiré, la moitié du basilic et
le persil.
—
Vérifier l'assaisonnement.
—
Laisser mijoter à mi-couvert 20 min
ou jusqu'à la consistance désirée.
—
Ajouter le reste du basilic en fin
de cuisson.
* * *

Servir
Accompagner de fromage romano,
parmesan ou ricotta salata râpé.
—
Avec la sauce au parmesan en coulis
(ci-dessous).

Conservation
Garder des contenants de sauce
tomate au congélateur. Prévoir
au moment de réchauffer quelques
minutes supplémentaires pour
permettre l'évaporation de l'eau
de congélation.

Sauce tomate à la menthe

* * *
Faire la sauce au beurre plutôt qu'à
l'huile d'olive. Remplacer le basilic
par 60 ml (1/4 tasse) de menthe
fraîche hachée, ajoutée 5 min avant
la fin de la cuisson.
* * *

Sauce au parmesan

160 ml (2/3 de tasse)
* * *
125 ml (1/2 tasse)
de bouillon de poulet faible en sel
—
125 ml (1/2 tasse)
de crème 35 %
—
125 ml (1/2 tasse)
de fromage parmesan râpé
* * *

Dans une casserole, à feu vif, réduire
le bouillon de moitié.
—
Ajouter la crème et réduire du tiers,
environ 3 min.
—
Ajouter le fromage et fouetter
jusqu'à l'obtention d'une consistance
homogène.
* * *

Servir
En coulis avec la sauce tomate.
Cette combinaison de sauces
accompagne merveilleusement
les pâtes farcies.

pasta pepe e cacio

(Pâtes au poivre et au fromage)
Une pâte romaine tout à fait étonnante par sa simplicité.
Cette pâte a déjà gagné ses «feuilles de laurier»!

4 portions

* * *

500 g (1 lb)
de pâtes

—

30 à 60 ml (2 à 4 c. à soupe)
de beurre ou d'huile d'olive ou
les deux en parts égales

—

10 ml (2 c. à thé)
de poivre moulu grossièrement

—

330 ml (1 1/3 tasse)
de fromage romano
ou parmesan râpé ou les deux
en parts égales

—

Zeste râpé
et jus de citron
(facultatif)

* * *

<u>Dans une marmite</u>, cuire les pâtes dans de l'eau bouillante salée en suivant les indications du fabricant.

—

<u>Pendant la cuisson des pâtes</u>, déposer le beurre ou le mélange de beurre et d'huile avec le poivre dans un plat de service chaud. On peut poser le plat sur la casserole de cuisson des pâtes pour le maintenir au chaud.

—

<u>Égoutter</u> sommairement les pâtes, réserver 250 ml (1 tasse) de leur eau de cuisson.

—

<u>Verser</u> les pâtes dans le plat chaud, mélanger pour bien les enrober du beurre poivré.

—

<u>Ajouter</u> peu à peu 250 ml (1 tasse) de fromage en remuant et en ajoutant au besoin un peu d'eau de cuisson des pâtes.

—

<u>Terminer</u> avec le reste du fromage et, si désiré, le zeste râpé et le jus de citron.

* * *

Pasta à la caponata

(À l'aubergine)
La caponata se sert tiède ou froide et s'accommode à l'infini.

4 portions

* * *

1 ou 2 aubergines moyennes
(500 à 750 g / 1 à 1 1/2 lb)
avec la peau, en cubes

—

2 branches de céleri en cubes

—

1 gros oignon haché grossièrement

—

2 poivrons rouges en cubes

—

Huile d'olive
en quantité suffisante

—

60 ml (1/4 tasse)
de vinaigre de vin

—

15 ml (1 c. à soupe)
de sucre

—

6 tomates italiennes
épépinées, non pelées
ou 1 boîte de 398 ml (14 oz)
de tomates italiennes,
bien égouttées

—

80 à 125 ml (1/3 à 1/2 tasse)
d'olives vertes ou noires
dénoyautées, hachées

—

Sel et poivre du moulin

—

1 ml (1/4 c. à thé)
de flocons de piment
ou de Sambal Oelek

—

Câpres, au goût
(facultatif)

—

Pennes ou autres pâtes courtes
cuites, égouttées, non rincées

* * *

Préchauffer le four à 200 °C (400 °F).

—

Tapisser une grande plaque à cuisson
ou 2 moyennes de papier parchemin
ou d'aluminium.

—

Mélanger les aubergines, le céleri,
l'oignon et le poivron. Bien les
enrober d'huile.

—

Ajouter le vinaigre, le sucre, les
tomates et les olives. Bien mélanger.

—

Saler, poivrer, ajouter les flocons
de piment ou le Sambal Oelek.

—

Étaler les légumes sur une ou deux
plaques. Cuire environ 50 min en
les remuant deux fois en cours de
cuisson. Si on utilise une seule plaque
à cuisson, la placer au centre du four.
Si on utilise deux plaques, en placer
une au centre et l'autre sur la grille
du bas en faisant l'alternance à chaque
15 min et en augmentant légèrement
les temps de cuisson, s'il y a lieu.

—

Quand les légumes sont grillés,
les retirer du four.

—

Si on a utilisé des tomates fraîches,
en retirer la peau.

—

Transvider les légumes dans un bol.

—

Ajouter les câpres.

* * *

Servir
Sur les pâtes avec un filet d'huile.

—

En accompagnement à un poulet
ou un poisson grillé.

Note
Préparer la caponata à l'avance
permet à la saveur des ingrédients
de bien se mélanger.

Variantes
Pour un repas léger, la servir
avec des œufs pochés ou en garnir
une omelette avant de la replier.

En entrée : servir sur du pain grillé
ou avec du thon.

pâtes à la saucisse et aux épinards

Une pâte rustique, goûteuse et satisfaisante.

4 portions

* * *

Huile d'olive
en quantité suffisante

—

1 gros oignon espagnol
coupé en 2, tranché

—

500 g (1 lb)
de saucisses italiennes douces
ou fortes ou les 2 en parts égales,
dépouillées, émiettées

—

Environ 375 ml (1 1/2 tasse)
de bouillon de poulet

—

500 g (1 lb) de pennes,
d'orecchiettes ou de fusillis

—

1 l (4 tasses)
de jeunes pousses d'épinards
ou d'épinards*

—

Sel et poivre du moulin

—

60 ml (4 c. à soupe)
ou plus de fromage parmesan
ou de pecorino râpé

* * *

Dans une grande poêle, chauffer doucement l'huile. Ajouter l'oignon et le colorer légèrement en remuant.

—

Ajouter la chair des saucisses et cuire en l'émiettant jusqu'à ce que la viande ait perdu sa crudité.

—

Verser 250 ml (1 tasse) de bouillon et laisser réduire quelques minutes pour bien marier les saveurs.

—

Dans une marmite d'eau bouillante salée, cuire les pâtes en suivant les indications du fabricant.

—

Égoutter les pâtes sans les rincer. Les ajouter à la sauce avec les jeunes pousses d'épinards. Saler, poivrer et bien mélanger. Réchauffer avec le reste du bouillon en agitant la casserole.

—

Ajouter le fromage en remuant.

* * *

Variante
On pourra remplacer les épinards
par des rapinis parés, blanchis,
essorés et coupés grossièrement.

*Si on utilise des feuilles d'épinards, les laver et en retirer les grosses côtes. Les hacher grossièrement et les déposer dans une grande passoire. Verser l'eau de cuisson des pâtes sur les épinards tout en les égouttant.

pâte à pizza

*Une recette de mon amie Elena Faita que Stephano, son fils,
a reprise à notre émission avec brio!*

*4 pizzas de 41 cm
(16 po) de diamètre ou
2 pizzas de 38 X 50 cm
(15 X 20 po)*

* * *

50 g de levure de bière
ou 30 ml (2 c. à soupe)
de levure sèche

—

15 ml (1 c. à soupe)
de sucre

—

625 ml (2 1/2 tasses)
d'eau chaude
(38 °C/100 °F)

—

1 l (4 tasses)
de farine «OO»*
ou de farine tout usage

—

500 ml (2 tasses)
de semoule de blé

—

15 ml (1 c. à soupe)
de sel

* * *

*Elena et Stephano préfèrent cette farine à haute
teneur en gluten qui est plus fine, mais cette recette
réussit tout aussi bien avec la farine tout usage.

Dans un bol, mélanger la levure,
le sucre et l'eau chaude. Remuer pour
bien dissoudre. Si on utilise de la
levure sèche, laisser reposer 10 min.

—

Dans un grand bol, tamiser ensemble
la farine, la semoule et le sel.

—

Verser le mélange de levure sur les
ingrédients secs.

—

Pétrir, jusqu'à ce que la pâte devienne
élastique, 5 à 8 min. Ajouter de la
farine au besoin.

—

Partager la pâte en deux et placer
dans deux bols séparés.

—

Couvrir la pâte d'un torchon propre,
laisser lever au chaud environ 45 min
ou jusqu'à ce qu'elle ait doublé de
volume. Un endroit chaud propice à
faire lever la pâte : un four éteint
avec la lumière allumée.

—

Dégonfler la pâte, la pétrir de
nouveau quelques minutes.

—

Remettre la pâte dans les bols,
couvrir et laisser lever encore 45 min
ou jusqu'à ce qu'elle ait doublé
de volume.

—

Abaisser la pâte et l'étendre sur une
plaque généreusement huilée. Laisser
lever 5 à 10 min.

—

Préchauffer le four à 220 °C (425 °F).

Couvrir d'une sauce tomate comme
la sauce tomate rapide (p. 104), les
ingrédients de garniture et le fromage
choisis et cuire au four 15 à 20 min
jusqu'à ce que le dessous de la pâte
soit doré et le fromage gratiné.

* * *

Focaccia

(Pizza blanche)
*On la mange en amuse-bouche
avec l'apéro, en accompagnement
ou en sandwich.*

* * *

Diviser la pâte à pizza en quatre et
abaisser chaque part à l'aide d'un
rouleau à pâte en une forme inégale
(ronde, ovale, carré…) de 25 x 25 cm
(10 x 10 po).

—

Déposer la pâte sur une plaque
à cuisson. Piquer à l'aide d'une
fourchette à plusieurs reprises,
couvrir d'un torchon humide et laisser
gonfler environ 1 h jusqu'à ce que
la pâte ait doublé de volume.

—

Préchauffer le four à 220 °C (425 °F).

—

Badigeonner généreusement la pâte
d'huile d'olive.

—

Parsemer de gros sel ou de fleur de
sel et de romarin haché.

—

Cuire au four 20 à 30 min jusqu'à ce
que la pâte soit dorée.

* * *

Pizza à l'œuf

L'idée était de vous présenter une pizza à base de tomates et de fromage.
Cette sauce tomate crue de Gilbert Sicotte est parfaite pour la pizza. Ne cherchez plus, vous l'avez trouvée.
Et pour la garniture, amusez-vous! Celle-ci est à l'œuf...

/ 104

4 portions

* * *

Pizza

—

500 g (1 lb)
de pâte à pizza du commerce
ou voir recette p. 103

* * *

Sauce tomate rapide

—

1 boîte de 398 ml (14 oz)
de tomates italiennes en dés,
ou hachées grossièrement

—

30 ml (2 c. à soupe)
d'huile d'olive

—

Sel et poivre du moulin

—

Basilic frais haché
et/ou origan séché

—

1 gousse d'ail hachée

—

30 ml (2 c. à soupe)
de fromage parmesan

* * *

Garniture

—

500 ml (2 tasses)
de fromage mozzarella 200 g (7 oz)

—

45 ml (3 c. à soupe)
d'huile d'olive

—

4 œufs

—

Sel et poivre du moulin

* * *

Pour la pâte à pizza congelée,
la huiler et la placer dans un bol.
Couvrir d'un linge humide et laisser
décongeler au réfrigérateur une
nuit ou au comptoir 6 h.

* * *

Préchauffer le four à 220 °C (425 °F).

Partager la pâte en 4 parts égales.

Abaisser chacune pour former
un disque d'environ 20 cm (8 po)
de diamètre.

Laisser lever la pâte 5 min.

Avant de préparer la sauce, bien
égoutter les tomates.

Dans un bol, mélanger les ingrédients
de la sauce.

Étaler la sauce sur la pâte et y répartir
le fromage. Verser un filet d'huile
en zigzag. Déposer les pizzas sur une
plaque à cuisson. Cuire 5 min dans
le bas du four.

Retirer du four et écarter la garniture
du centre de chaque pizza pour y
creuser une cavité. Casser un œuf
dans chacune. Saler et poivrer.

Remettre au four et poursuivre
la cuisson pendant environ 10 min
ou jusqu'à ce que les pizzas soient
bien dorées et que le jaune d'œuf
soit encore coulant.

* * *

Servir
Avec une salade de
jeunes pousses d'épinards ou
de roquette que l'on déposera sur
la pizza à la sortie du four.

—

Avec un filet
d'huile pimentée (p. 176).

—

Avec une chiffonade
de basilic frais.

Pissaladière

(Pizza à l'oignon)

L'oignon, ce légume si accessible et tellement savoureux quand on le laisse confire doucement.
Pizza à l'oignon pour un lunch rapide ou à l'heure de l'apéritif.

6 à 8 portions

* * *

1 kg (2 lb) d'oignons ou
3 oignons espagnols émincés

—

Huile d'olive, au besoin

—

2 grosses gousses d'ail émincées

—

Thym frais ou séché

—

Sel et poivre du moulin

—

4 tomates italiennes pelées,
épépinées, hachées
ou une boîte de 398 ml (14 oz)
de tomates en dés

—

500 g (1 lb)
de pâte à pain ou
à pizza congelée du commerce
ou voir recette p. 103

* * *

Garnitures, au choix

—

Filets d'anchois épongés,
coupés en 2 sur la longueur

Languettes de poivrons rouges
en conserve dans l'eau, épongées

—

Languettes de poivrons grillés,
pelés (p. 179)

—

Olives noires
dénoyautées, en 2

* * *

Dans une grande poêle, fondre les
oignons dans l'huile à feu doux
jusqu'à ce qu'ils commencent à rendre
leur eau de végétation, environ
15 min. Les cuire 5 min à couvert.

—

Ajouter l'ail, le thym, le sel et le
poivre, mélanger. Ajouter les tomates.

—

Poursuivre la cuisson encore 20 min,
à découvert, en secouant la poêle de
temps en temps. Le fond de la poêle
devra être presque sec.

—

Réserver au comptoir. Faire cette
étape à l'avance.

* * *

Préchauffer le four à 230 °C (450 °F).
Placer la grille dans le bas du four.

—

Sur une plaque à cuisson huilée,
étendre la pâte avec les mains pour
former une surface de 25 x 38 cm
(10 x 15 po). Couvrir la pâte d'un
papier ciré.

—

Laisser gonfler 15 min.

—

Badigeonner d'huile à l'aide d'un
pinceau le pourtour de la pâte.

—

Étaler la préparation d'oignons
en laissant une bordure de 1,5 cm
(1/2 po) tout autour.

—

Disposer les anchois ou les languettes
de poivrons en losanges. Garnir
d'olives noires, si désiré. Badigeonner
d'huile d'olive.

—

Cuire 25 à 30 min ou jusqu'à ce que
la pâte soit dorée et croustillante.

* * *

Servir
En entrée ou à l'apéro avec
des crudités et un verre de rosé.
—
En plat principal avec une salade.

Grilled cheese

*Irrésistible à toute heure du jour, impossible à rater,
on le veut craquant à l'extérieur et moelleux à l'intérieur*

Le pain

* * *

*Amusez-vous à varier les pains :
multigrains, campagne,
carvi, olives noires, noix…*

* * *

Garnitures, au choix

* * *

_ Fromages italiens (provolone,
mozzarella, fontina ou taleggio)
et champignons sautés.

_ Fromages italiens ou chèvre
avec des juliennes ou pesto de
tomates séchées à l'huile ou
des olives hachées.

_ Fromage bleu coupé d'un fromage
plus doux avec des poires émincées
et du pain aux noix.

_ Fromage cheddar, piments forts
en marinade, pain au carvi.

_ Fromage cheddar, tomates
émincées, épongées, feuilles de
cresson ou de roquette.

_ Fromage suisse, moutarde de
Dijon, bacon cuit ou jambon cuit,
tomates émincées et épongées,
pain de campagne.

_ Oka classique avec des pommes
émincées.

_ Un reste de fromage fin avec du
pain aux noix.

* * *

* * *

Beurrer les pains ou les badigeonner
d'huile sur une face. Garnir les faces
non beurrées de la garniture choisie,
poser l'autre tranche beurrée ou
huilée sur le sandwich.

—

Griller dans une poêle en fonte,
antiadhésive ou striée jusqu'à ce
que le pain soit doré et le fromage
fondant. Pour faire un poids, poser
une petite poêle en fonte sur
le sandwich.

* * *

— Les accompagnements —

* * *

Tian courgettes et tomates

Un plat coloré au goût ensoleillé qui se prépare à l'avance et à l'année.
Magnifique, à servir directement à table.

6 à 8 portions

* * *

3 ou 4 petits oignons
en rondelles de 1 cm (3/8 po)

—

2 gousses d'ail hachées

—

10 ml (2 c. à thé)
d'herbes de Provence

—

Sel

—

80 ml (1/3 tasse)
d'huile d'olive

—

2 courgettes jaunes en tranches
de 1 cm (3/8 po)

—

2 courgettes vertes en tranches
de 1 cm (3/8 po)

—

4 ou 5 tomates italiennes
en tranches de 1 cm (3/8 po)

—

Parmesan râpé
(facultatif)

* * *

Préchauffer le four à 200 °C (400 °F).

—

Dans le fond d'un plat à cuisson,
répartir les oignons, 1 gousse d'ail,
la moitié des herbes de Provence,
saler et arroser de la moitié de
l'huile d'olive.

—

Superposer légèrement les légumes
tranchés en alternant les couleurs.
Saler, répartir également l'autre gousse
d'ail, le reste des herbes et l'huile.

—

Cuire 45 min au four ou jusqu'à ce
que les légumes soient cuits.

—

Saupoudrer de parmesan, si désiré,
et poursuivre la cuisson encore
5 à 10 min.

* * *

Servir
Pour un repas végétarien,
accompagner de polenta (p. 129).

—

Comme entrée, mettre sur la table
un morceau de parmesan, une fiole
d'huile d'olive, un bon pain et
du vin.

Légumes verts

Les incontournables!

Bok choy braisés

4 portions

* * *

500 g (1 lb) de petits bok choy
ou Shanghai choy, lavés dans une
grande quantité d'eau

—

30 ml (2 c. à soupe)
de beurre ou d'huile

—

Oignons verts, au goût

—

Sel

—

125 ml (1/2 tasse)
de bouillon ou d'eau

* * *

Si les bok choy sont un peu gros,
les couper en deux ou en quartiers
sur la longueur.

—

Dans une grande poêle, chauffer
le beurre ou l'huile, ajouter les bok
choy et les oignons verts et saler.

—

Cuire à feu vif jusqu'à ce que les
bok choy prennent couleur. Mouiller
avec le bouillon ou l'eau, couvrir et
cuire les légumes *al dente*.

* * *

Bok choy vapeur

* * *

Si les bok choy sont un peu gros,
les couper sur la longueur, cuire
quelques minutes à la vapeur et
les arroser d'une vinaigrette.

Ou réchauffer les bok choy dans l'huile
avec de l'oignon vert émincé et une
giclée de sauce soya ou de tamari.

Les bok choy peuvent être aromatisés
d'une cuillerée de sauce aux huîtres.

On pourra aussi les réchauffer dans
le jus de cuisson de la viande.

* * *

Épinards

4 portions

* * *

30 ml (2 c. à soupe)
d'huile d'olive

—

1 gousse d'ail coupée en 2
(facultatif)

—

600 g (20 oz) d'épinards frais,
parés, lavés, égouttés

—

Sel

—

Quartiers de citron
ou muscade râpée, au goût

* * *

Dans une grande casserole, chauffer
l'huile à feu moyen. Si vous utilisez
l'ail, le dorer légèrement. Ajouter les
épinards et les cuire en trois temps
en tournant ou en brassant jusqu'à
ce que les feuilles s'affaissent. Saler.

Servir accompagné d'un quartier de
citron ou de muscade râpée.

* * *

Brocoli

4 portions

* * *

750 g (1 1/2 lb) de brocoli

* * *

Assaisonnements

—

Huile d'olive

—

1 quartier de citron
ou huile au citron (p. 176)

—

Sel et poivre

* * *

<u>Découper</u> le brocoli en bouquets.
Peler la tige et la trancher sur la
longueur.

—

<u>Dans une casserole d'eau bouillante
salée</u>, cuire le brocoli ou le cuire à la
vapeur sur une marguerite.

—

<u>Égoutter</u> le brocoli encore croquant
et ajouter, au goût, un filet d'huile
d'olive et un quartier de citron. Saler,
poivrer. Ou remplacer simplement par
une huile au citron.

* * *

Rapinis

*Il y a ceux qui en raffolent et
ceux qui le détestent, l'amertume
de ce légume ne laisse personne
indifférent. Encore méconnu !
Pour le choisir, éviter les tiges
ligneuses et les bourgeons jaunes.*

* * *

4 portions

* * *

1 bouquet de rapinis
(600 g / 1 1/3 lb)

—

Huile d'olive, au besoin

—

Ail émincé (facultatif)

—

Sel

* * *

<u>Couper</u> le bout des tiges d'environ
1,5 cm (1/2 po) ou plus et retirer les
feuilles flétries, conserver les autres.
Séparer les tiges en deux parties :
les bouquets en morceaux de 10 cm
(4 po) d'un côté, le reste de la tige
de l'autre.

—

<u>Dans une casserole d'eau bouillante
salée</u>, blanchir d'abord les tiges environ
30 s avant d'ajouter les bouquets pour
quelques secondes de plus.

—

<u>Les refroidir</u> dans un bain d'eau
glacée pour arrêter la cuisson.
Égoutter partiellement.

—

<u>Dans une poêle</u>, chauffer l'huile et
l'ail si désiré, sans laisser prendre
couleur. Mettre les rapinis encore
mouillés, sinon ajouter un peu d'eau
dans la poêle. Saler.

—

<u>Couvrir</u> et poursuivre la cuisson,
à feu moyen, jusqu'à ce qu'ils soient
al dente. Servir.

* * *

Légumes rôtis

C'est tellement bon!
La saveur est plus concentrée et on obtient une légère caramélisation.
Les légumes seront délicieux en accompagnement, mais aussi en entrée et dans une salade.
Pensez à les ajouter également sur les pâtes.

Principes de base
* * *

Utiliser une grande plaque à cuisson aux bords de moins de 5 cm (2 po). Les légumes ne doivent pas se toucher, car on veut qu'ils rôtissent et non qu'ils cuisent à la vapeur.

—

Huiler la plaque ou le papier qui la tapisse (tapisser la plaque de papier parchemin ou d'aluminium en facilite le nettoyage).

—

Couper les légumes de tailles égales pour obtenir un temps de cuisson égal. Bien enrober les légumes d'huile dans un sac ou dans un bol. Assaisonner.

—

Utiliser le gros sel de mer si vous en avez et des herbes qui ne sont pas trop tendres pour parfumer (romarin, thym, sauge). Ou encore faites vos propres expériences avec les épices.

Préchauffer le four à 220 °C (425 °F), sauf s'il y a une indication contraire.

—

Si vous utilisez une seule plaque à cuisson, la placer au centre du four. Si vous devez utiliser deux plaques, en placer une au centre et l'autre sur la grille du bas en faisant l'alternance à chaque 15 min et en augmentant légèrement le temps de cuisson.

—

En cours de cuisson, secouer la plaque ou tourner les légumes à l'aide d'une spatule ou d'une pince pour les rôtir uniformément. **Les temps de cuisson sont approximatifs et dépendent de la plaque à cuisson, de la quantité et de la fraîcheur des légumes.**

* * *

Ail confit

Un goût de noisette, plus doux et plus digeste que l'ail cru. En partageant la tête d'ail en gousses, l'ail confit sera beaucoup plus facile à extraire. Il remplace bien l'ail cru dans tout plein de préparations : mayonnaise, vinaigrette, pesto, sauce…

* * *
1 ou 2 têtes d'ail
défaites en gousses, en chemise
(non pelées)

—

Huile d'olive
* * *

Préchauffer le four à 180 °C (350 °F).

—

Placer les gousses au centre d'une papillote de papier d'aluminium.

—

Bien huiler les gousses et les cuire au centre du four environ 45 min.

—

Vous n'aurez ensuite qu'à presser la gousse pour en extraire l'ail confit.

—

Réduire en pâte si désiré.

—

Se conserve quelques jours au réfrigérateur dans un contenant hermétique recouvert d'un film d'huile.

* * *

Servir
Tartiner sur du pain.
—
Aromatiser une vinaigrette ou une mayonnaise (p. 178).
—
Mélanger à une purée de légumes.
—
Ajouter à une sauce, une soupe, un pesto…

Asperges
* * *

(Pour parer les asperges, voir p. 170.)
<u>Huiler</u>, saler, cuire les asperges
10 à 15 min. Secouer la plaque
à mi-cuisson. Piquer la tige pour
vérifier la cuisson.

* * *

Betteraves
* * *

<u>Emballer</u> les betteraves non pelées,
huilées dans une papillote d'aluminium.
Cuire environ 45 min selon la saison
et la taille des betteraves. Piquer avec
la pointe d'un couteau pour en vérifier
la cuisson.

* * *

Carottes et panais
* * *

<u>Couper</u> en 2 sur la longueur ou garder
entiers si les légumes sont fins.
Huiler, saler, tourner et cuire 30 à 40
min et les retourner à mi-cuisson.

* * *

Chou-fleur
* * *

<u>Découper</u> le chou-fleur en bouquets
de 5 cm (2 po). Huiler, saler, assaisonner de curry et cuire environ
30 min en les retournant une fois
ou deux.

* * *

Courge d'hiver, courge musquée, buttercup...
* * *

<u>Sans peler</u>, couper la courge en
quartiers de 4 cm (1 1/2 po). Huiler,
saler, assaisonner d'épices et/ou
d'herbes (cayenne, thym, graines de
coriandre ou romarin), cuire environ
40 min en les retournant deux fois
pendant la cuisson.

* * *

Fenouil
* * *

(Pour parer le fenouil, voir p. 173.)
<u>Couper</u> le fenouil en 6 quartiers.
Huiler et saler. Cuire environ 40 min
en les retournant deux fois pendant
la cuisson.

* * *

Haricots verts
* * *

<u>Parer</u> les haricots, huiler, saler, cuire
environ 10 à 15 min en secouant
la plaque après 5 min. Éviter de rôtir
les haricots ficelles.

* * *

Oignons
* * *

<u>Couper</u> les oignons moyens pelés en
quartiers tout en les laissant attachés
à la base. Huiler, saler, cuire 15 min,
tourner et cuire environ 15 min.

—

<u>Petits oignons</u> cipollini entiers, pelés,
huilés, salés. Cuire entre 20 et 30 min.

* * *

Patates douces
* * *

<u>Peler et couper</u> les patates en
quartiers. Huiler, saler, assaisonner,
au goût (piment de la Jamaïque,
cumin, romarin ou ail). Cuire environ
40 min en les retournant deux fois
pendant la cuisson.

* * *

Pommes de terre
* * *

<u>Couper</u> en quartiers. Huiler, saler,
cuire environ 40 min en les retournant
deux fois pendant la cuisson.

* * *

Tomates cerises
* * *

<u>Sur une plaque de cuisson</u> déposer
les tomates enrobées d'huile. Cuire
environ 10 min à 230 °C (450 °F)
ou jusqu'à ce que les tomates
s'attendrissent. Saler et poivrer.

—

<u>Servir</u> chaudes ou à la température
ambiante.

* * *

Peperonata

(Compote de poivrons et tomates)

Une recette de ma mère qu'elle cuisine souvent sans tomate, délicieuse avec tellement de choses qu'il y en a toujours dans son frigo ou dans son congélateur. Elle en ajoute une cuillerée à tout plein de plats autant en entrée qu'en accompagnement.

6 portions

* * *

5 poivrons rouges, jaunes
ou orange grillés et pelés (p. 179)

—

80 ml (1/3 tasse)
d'huile d'olive

—

2 gousses d'ail
dégermées, hachées

—

1 feuille de laurier

—

1 petite boîte de 398 ml (14 oz)
de tomates italiennes égouttées
ou 5 tomates italiennes pelées,
épépinées

—

Sel et poivre du moulin

* * *

Couper les poivrons en quartiers.

—

Dans une grande poêle, à feu
moyen-fort, chauffer l'huile. Faire
revenir les poivrons 5 min en
remuant régulièrement pour qu'ils
caramélisent légèrement.

Ajouter le reste des ingrédients.
Mijoter 5 min à feu moyen-doux.
Vérifier de temps à autre pour
éviter que les légumes n'attachent
à la poêle.

—

Servir tiède.

* * *

Servir
Sur une tranche de pain de campagne
grillée et frottée à l'ail.

—

Avec quelques tranches de mozzarella
ou quelques copeaux de parmesan et
un bon pain croûté.

—

Comme accompagnement
pour les viandes rôties ou grillées
(steak, saucisse, poulet).

—

Comme sauce pour les pâtes.

—

En garniture avec les œufs.

Variante
Ajouter un petit piment fort
si vous en avez envie.

Purées de pommes de terre

On raffole de la purée! Qu'elle soit fine ou texturée,
qu'elle soit simple ou sophistiquée!

4 à 6 portions

* * *

1 kg (2 lb) de pommes de terre
Yukon, Idaho ou Charlotte pelées,
en quartiers

—

Sel

—

Beurre

—

Crème ou lait

—

Poivre du moulin

—

Muscade râpée

* * *

Dans une casserole, couvrir les
pommes de terre de 2,5 cm (1 po)
d'eau froide généreusement salée.
Porter à ébullition, réduire la chaleur.
Mijoter à couvert entre 15 et 20 min.

—

Égoutter et remettre les pommes de
terre dans la casserole, la poser sur le
feu pour bien les assécher. Écraser les
pommes de terre au presse-purée ou
au pilon. Incorporer le beurre, la crème
ou le lait, le poivre et la muscade, au
goût. Vérifier l'assaisonnement.

* * *

À l'huile d'olive

* * *

Remplacer le lait ou la crème et le
beurre par de l'huile d'olive. Si désiré,
ajouter des olives dénoyautées
hachées. Avec les olives, omettre la
muscade dans la purée de base.

* * *

À la moutarde

* * *

Omettre la muscade dans la purée.
Une fois la purée prête, ajouter plus
ou moins 30 ml (2 c. à soupe) de
moutarde de Dijon ou à l'ancienne.
Délicieuse avec la saucisse, les rôtis,
l'agneau, le poulet et le poisson.

* * *

À la purée d'ail

* * *

Ajouter 4 gousses d'ail confit en
purée (p. 117) au moment de piler
les pommes de terre.

* * *

À la roquette

* * *

Hacher un gros bouquet de roquette
en chiffonnade et l'ajouter aux
pommes de terre à l'huile d'olive
avec de l'ail confit si désiré.

* * *

Au citron

* * *

Avant de piler les pommes de terre,
fondre le beurre et y ajouter 10 ml
(2 c. à thé) de jus de citron et 10 ml
(2 c. à thé) de zeste de citron
finement râpé. Une fois la purée
terminée, la garnir de persil haché
ou de gremolata (p. 90).

* * *

Au safran

* * *

Pour les amateurs de safran, ajouter
à la cuisson des pommes de terre un
oignon entier en quartiers. Infuser
deux pincées de safran dans la crème
ou le lait chaud 15 min. Poursuivre
avec la recette de base en omettant
la muscade. On obtient ainsi une
pomme de terre d'un jaune magnifique
qui se prête bien à l'osso buco (p. 90)
ou à un poisson.

* * *

Aux petits pois

* * *

Cuire les pommes de terre avec un
oignon. Environ 5 à 10 min avant la
fin de la cuisson des pommes de
terre, ajouter 500 ml (2 tasses) de
petits pois congelés que l'on a
décongelés. Passer au presse-purée
ou écraser au pilon, ajouter le beurre,
la crème ou le lait, le sel, le poivre
et 30 ml (2 c. à soupe) de menthe
hachée. Cette purée est texturée.

* * *

Aux poireaux

* * *

Dans une poêle, faire fondre doucement des tranches de poireau dans
du beurre et de l'huile. Déposer sur
la purée.

* * *

Purée de patates douces

Couleur et saveur.
Une belle recette de l'équipe de
Philippe de Vienne.

4 portions

* * *

1 kg (2 lb)
de patates douces en morceaux
(environ 3)

—

Huile d'olive en quantité suffisante

—

15 ml (1 c. à soupe)
de romarin haché finement

—

Une bonne pincée de muscade râpée

—

Sel et poivre du moulin

—

80 ml (1/3 tasse)
d'olives noires dénoyautées,
en quartiers

* * *

<u>Dans une casserole</u>, cuire les patates
à la vapeur environ 15 min. (On peut
aussi cuire les patates au four et
les peler.)

—

<u>Écraser</u> grossièrement la chair à l'aide
d'un fouet ou d'un pilon à purée.

—

<u>Ajouter</u> l'huile et les assaisonnements.

Au service
Garnir d'olives noires,
si désiré.

Purée de céleri-rave

Malgré son apparence, un légume fin à saveur délicate.

4 portions

* * *

1 gros bulbe de céleri-rave
d'environ 1 kg (2 lb),
pelé, en cubes

—

1 grosse pomme de terre
d'environ 200 g (7 oz) pelée, en plus
petits cubes que le céleri-rave

—

Beurre, crème ou lait
en quantité suffisante

—

Sel et poivre du moulin

* * *

<u>Dans une casserole</u>, cuire le céleri-rave
et la pomme de terre à l'eau bouillante
salée, 15 à 20 min.

—

<u>Égoutter</u> les légumes, les assécher
sur le feu en secouant la casserole.

<u>À l'aide d'un pilon</u>, écraser les
légumes, puis, à l'aide du batteur
électrique, réduire les légumes en
purée fine en incorporant le beurre,
la crème ou le lait. Saler et poivrer.

* * *

Salade de pommes de terre tièdes à la moutarde

Le vert vif du cresson ou de la roquette,
la douceur de la pomme de terre et une pointe de moutarde.

4 portions

* * *

600 g (1 1/3 lb)
de pommes de terre grelots
—
5 ml (1 c. à thé)
de zeste de citron râpé
—
15 ml (1 c. à soupe)
de jus de citron
—
15 ml (1 c. à soupe) comble
de moutarde à l'ancienne
—
Sel et poivre du moulin
—
60 ml (1/4 tasse)
d'huile d'olive
—
Un bouquet de ciboulette,
d'aneth haché
ou d'oignons verts émincés
—
Radis ou fenouil émincés
(facultatif)
—
Un bouquet de cresson
ou de roquette, lavé, paré

* * *

Dans une casserole, couvrir les
pommes de terre d'eau froide
généreusement salée.
—
Porter à ébullition, cuire les pommes
de terre à couvert jusqu'à tendreté.
—
Égoutter et couper les pommes
de terre en deux et les déposer
dans un bol.
—
Dans un petit bol, fouetter
ensemble le zeste et le jus de citron,
la moutarde, le sel, le poivre et
l'huile d'olive.
—
Verser sur les pommes de
terre chaudes.
—
Ajouter l'herbe choisie et mélanger.
—
Garnir de radis ou de fenouil,
si désiré.
—
Disposer la salade sur du cresson ou
sur de la roquette légèrement huilée
ou sur une salade de saison.

* * *

Servir
Avec une grillade de bœuf,
de poulet, des saucisses.
—
Avec des charcuteries.
—
En accompagnement
des palets de saumon (p. 60).

Potée de lentilles

*Cette potée délicieuse à souhait me vient de la chef
Josée Robitaille.*

4 portions

* * *

500 ml (2 tasses)
de lentilles vertes du Puy,
triées

—

30 ml (2 c. à soupe)
de gras de canard
ou d'huile d'olive

—

1 gros oignon haché finement

—

2 carottes en dés

—

2 branches de céleri en dés

—

1 gousse d'ail pelée, en 2

—

120 g (4 oz)
de pancetta
ou de lard salé en dés

—

1 l (4 tasses)
de bouillon de légumes
ou de poulet

—

2 branches de thym frais
ou 5 ml (1 c. à thé) séché

—

2 feuilles de laurier

—

1 pincée de sarriette séchée

—

125 ml (1/2 tasse)
de persil plat haché

—

Sel et poivre du moulin

* * *

Mettre les lentilles dans une casserole remplie d'eau et porter à ébullition. Égoutter immédiatement et rincer. Réserver.

—

Dans une casserole, fondre le gras de canard ou chauffer l'huile à feu moyen. Faire suer les légumes à feu doux 10 min sans laisser colorer en remuant régulièrement.

—

Ajouter l'ail et la pancetta, poursuivre la cuisson 2 min.

—

Ajouter le bouillon, le thym, le laurier, la sarriette et les lentilles aux légumes.

—

Réduire la chaleur, cuire à couvert 30 min ou jusqu'à ce qu'ils soient tendres.

—

Ajouter le persil aux lentilles, rectifier l'assaisonnement et bien mélanger.

* * *

*Accompagne
particulièrement bien les
viandes confites.*

*Variante
En soupe : à la cuisson des lentilles,
ajouter plus de bouillon.*

*Conservation
Se prépare à l'avance.*

Se congèle.

Se réchauffe facilement.

Riz basmati

La cuisson du riz basmati parfume toute la maison.
Pour cette méthode, utilisez une petite casserole avec un couvercle hermétique.

4 portions

* * *

250 ml (1 tasse)
de riz basmati*

—

15 ml (1 c. à soupe)
de beurre ou d'huile

—

375 ml (1 1/2 tasse)
d'eau

—

4 ml (3/4 c. à thé)
de sel

* * *

<u>Dans une passoire</u>, rincer le riz sous l'eau jusqu'à ce que l'eau soit claire. Bien égoutter en secouant le tamis pendant quelques minutes.

—

<u>Dans une casserole</u>, chauffer le beurre ou l'huile. Y faire revenir le riz jusqu'à ce qu'il soit bien enrobé. Ajouter l'eau et le sel, porter à ébullition. Réduire la chaleur au plus bas.

—

<u>Cuire</u> à couvert environ 17 min, vérifier seulement en fin de cuisson. Retirer du feu sans découvrir. Laisser reposer 5 à 10 min au comptoir.

* * *

*Pour 500 ml (2 tasses) de riz basmati, mettre 680 ml (2 3/4 tasses) d'eau. Pour 750 ml (3 tasses) de riz basmati, mettre 930 ml (3 3/4 tasses) d'eau.

Riz à la moutarde

* * *

<u>Chauffer</u> des graines de moutarde dans une poêle jusqu'à ce qu'elles dansent. En saupoudrer le riz au service avec quelques larmes de jus de citron ou de lime.

* * *

Riz au sésame

* * *

<u>Au service</u>, ajouter des graines de sésame grillées.

* * *

Riz aux épices

* * *

<u>Faire revenir</u> dans le beurre ou l'huile, 1 feuille de laurier, 5 gousses de cardamome écrasées, 1 bâton de 8 cm (3 po) de cannelle. Ajouter le riz et poursuivre la recette.

* * *

Riz basmati brun

* * *

250 ml (1 tasse)
de riz basmati brun

—

15 ml (1 c. à soupe)
de beurre ou d'huile

—

560 ml (2 1/4 tasses) d'eau

—

4 ml (3/4 c. à thé) de sel

* * *

<u>La cuisson</u> sera d'environ 40 min.

* * *

Polenta cuite au four

*Une version «au four» pas vraiment dans la tradition
mais tellement facile.*

4 portions

* * *

750 ml (3 tasses) de bouillon

—

15 ml (1 c. à soupe)
de beurre

—

180 ml (3/4 tasse)
de semoule de maïs

—

5 ml (1 c. à thé)
de sel

—

Poivre du moulin

—

60 ml (1/4 tasse)
de parmesan râpé
ou de fontina en cubes

—

60 ml (1/4 tasse)
de lait ou de mascarpone

* * *

<u>Préchauffer</u> le four à 220 °C (425 °F).

—

<u>Dans une casserole</u> ou un plat à
cuisson avec couvercle, mélanger
le bouillon, le beurre, la semoule
et les assaisonnements.

—

<u>Cuire</u> au four à couvert 30 min,
en remuant une fois à mi-cuisson.

—

<u>Retirer</u> du four, ajouter le fromage
et le lait ou le mascarpone.

—

<u>Mélanger</u> et vérifier l'assaisonnement.

* * *

Servir
Avec les viandes braisées.

—

*Comme accompagnement
des saucisses.*

*Dans un repas végétarien, avec un
tian courgettes et tomates (p. 112),
une peperonata (p. 120).*

—

Avec un ragoût de champignons.

—

*Tout simplement couverte
d'une sauce tomate (p. 94).*

Conservation
*Garder au réfrigérateur. Pour utiliser
un reste de polenta froide, la trancher
et la faire revenir avec de l'huile dans
une poêle antiadhésive.*

— Les desserts —

* * *

Panna cotta

Panna cotta, littéralement «crème cuite».
Un dessert culte des restaurateurs. Il a volé la vedette au tiramisu. Un dessert frais caractérisé
par les graines de vanille dans la blancheur de la gelée.

6 portions

* * *

15 ml (1 c. à soupe)
de gélatine neutre (1 sachet)

—

1 gousse
de vanille

—

310 ml (1 1/4 tasse)
de crème 35 %

—

125 ml (1/2 tasse)
de sucre

—

425 ml (1 3/4 tasse)
de babeurre

* * *

Gonfler la gélatine sur 30 ml
(2 c. à soupe) d'eau froide 5 min.

—

Fendre la gousse de vanille en
deux à l'aide d'un couteau et en
retirer les graines.

—

Chauffer la crème et les graines
de vanille. Y dissoudre le sucre
en remuant.

—

Ajouter la gélatine gonflée et laisser
fondre complètement en remuant.

—

Retirer du feu, ajouter le babeurre.

—

Verser dans six ramequins huilés
ou dans des verres.

—

Mettre au réfrigérateur au moins
2 h ou jusqu'à ce que la préparation
soit prise.

—

Pour démouler les ramequins, détacher
le pourtour avec la lame d'un couteau
et les tremper quelques secondes dans
l'eau bouillante.

* * *

Servir
Avec des fruits de la passion,
ces petits fruits aux graines
croquantes et au parfum exquis.
Compter un fruit par personne.
Choisir des fruits avec la peau ridée.
Les ouvrir et en déposer les graines
sur la panna cotta.

—

Accompagner d'un coulis de fraises,
de framboises (p. 173). Entourer
la panna cotta de coulis et ajouter
des cubes de mangue.

—

Avec une salade de fruits.
Dans une assiette creuse, démouler
la panna cotta et l'entourer d'une
salade de fruits. Ou encore, dans
un verre, déposer la salade de fruits
égouttée sur la panna cotta.

Mousse de fromage aux petits fruits

Le cheese-cake *revisité.*

6 portions

* * *

125 ml (1/2 tasse)
de crème 35 % à fouetter

—

250 g (8 oz)
de fromage à la crème
à température ambiante

—

125 ml (1/2 tasse)
de crème sure

—

80 à 125 ml (1/3 à 1/2 tasse)
de sucre

—

15 ml (1 c. à soupe)
de zeste de citron râpé

—

30 ml (2 c. à soupe)
de jus de citron

—

Petits fruits frais ou décongelés
(bleuets, framboises
ou mélange de baies)

* * *

Garniture

—

18 biscuits Gingersnaps, Oreo,
Amaretti ou Graham

* * *

Dans un bol froid, fouetter la crème.
Réserver.

—

Dans un autre bol, fouetter le fromage
à l'aide du batteur électrique.

Incorporer la crème sure, le sucre,
le zeste et le jus de citron. Continuer
de fouetter jusqu'à ce que le mélange
soit homogène.

À l'aide d'une spatule, plier la crème
fouettée dans le mélange précédent.

Verser l'appareil dans des coupes en
alternant avec les petits fruits choisis.

Réfrigérer quelques heures.

* * *

*Servir
telle quelle accompagnée
de quelques biscuits ou saupoudrer
la mousse de miettes de biscuits.*

Yaourt glacé aux litchis

Facile, léger, subtil, surprenant...

/ 136

6 à 8 portions

* * *

2 boîtes de 540 ml (19 oz)
de litchis (environ 50 litchis)

—

60 ml (1/4 tasse)
de sucre

—

180 ml (3/4 tasse)
de yaourt 10 %

* * *

<u>Égoutter</u> les litchis et les déposer
dans le bol du robot culinaire avec
le sucre.

—

<u>Réduire</u> en purée, ajouter le yaourt
en prenant bien soin de racler le tour
du bol.

—

<u>Verser</u> dans un sac de plastique
hermétique et déposer à plat dans
le congélateur.

—

<u>Laisser</u> durcir.

—

<u>Casser</u> le mélange glacé en petits
morceaux; dans le bol du robot
culinaire, réduire de nouveau en purée
par touches successives en raclant
le bol à l'aide d'une spatule.

—

<u>Ensuite</u>, laisser le moteur rouler
jusqu'à la consistance homogène
voulue.

* * *

Servir
tel quel ou accompagné
de litchis frais non pelés ou d'une
tuile ou d'un biscuit croustillant.

Conservation
Se prépare à l'avance et se conserve
au congélateur 10 jours. Si la texture
est trop glacée, remettre au robot
pour lui redonner de la légèreté.

Sorbet à la mandarine

Goûteux et rafraîchissant,
il se fait en un tournemain et on le sucre selon son goût.

4 à 6 portions
* * *
2 boîtes de 284 ml (10 oz)
de mandarines ou de clémentines
—
10 à 15 ml (2 à 3 c. à thé)
de gingembre râpé finement
—
30 ml (2 c. à soupe)
de sucre superfin ou granulé
—
1 ou 2 blancs d'œufs
* * *

Verser le contenu des boîtes de mandarines ou de clémentines dans un sac de plastique hermétique. Congeler à plat jusqu'à ce que ce soit bien ferme.
—
Au moment de servir, briser la glace de fruits en morceaux dans le bol du robot culinaire.
—
Ajouter le gingembre et le sucre et broyer en actionnant par touches successives. Ensuite, laisser rouler pour bien émulsifier le sorbet.
—
Pour favoriser l'émulsion, ajouter 1 ou 2 blancs d'œufs.

* * *

Servir
Dans des verres ou des coupes.
Piquer le sorbet d'un biscuit
au miel et au sésame ou d'un carré
de chocolat.
—
Ou alors, servir avec une tuile
croustillante (ci-dessous).
—
Ou encore, garnir de quelques
bâtonnets de gingembre confit.

Note
Les jaunes d'œufs peuvent être
utilisés pour une mayonnaise (p. 178).

Tuiles croustillantes au Rice Krispies

Pour ajouter du «crunch».
Cette tuile donne du style à une simple glace, à un sorbet ou à une mousse.

6 portions
* * *
60 ml (1/4 tasse)
de miel ou de sirop de maïs
—
250 ml (1 tasse)
de Rice Krispies
—
125 ml (1/2 tasse)
de pistaches hachées grossièrement
ou d'amandes effilées
—
Zeste d'orange finement râpé
* * *

Préchauffer le four à 180 °C (350 °F).
—
Tapisser une plaque à cuisson (25 x 38 cm/10 x 15 po) de papier parchemin.
—
Dans une petite casserole, chauffer le miel ou le sirop de maïs juste pour le liquéfier.
—
Dans un bol, mélanger tous les ingrédients à la fourchette et y incorporer le sirop obtenu.

Étaler le mélange sur la plaque et mettre au centre du four. Après 4 ou 5 min, sortir la plaque du four. Couvrir la tuile de papier ciré ou parchemin et, à l'aide d'un rouleau à pâtisserie ou d'une spatule, l'amincir le plus possible. Cuire encore 4 à 5 min.
—
Sortir du four et refroidir complètement.
—
Casser en morceaux.

* * *

Servir
piquées dans du yaourt, une glace,
un sorbet ou une mousse.

Gelée d'agrumes

*Un fruit presque nature,
encore plus beau, encore plus frais.*

6 à 8 portions

* * *

7 ou 8 oranges navels
ou sanguines

—

3 ou 4 pamplemousses roses

—

60 ml (1/4 tasse)
de miel ou de sucre, plus ou moins
selon que les fruits sont sucrés

—

30 ml (2 c. à soupe)
de gélatine neutre (2 sachets)

* * *

Peler les fruits à vif au-dessus d'un tamis, prélever les segments (p. 170).

—

Égoutter les fruits pour obtenir 750 ml à 1 l (3 à 4 tasses) de fruits et 375 ml (1 1/2 tasse) de jus. Ajouter du jus si nécessaire.

—

Dans un bol, dissoudre le miel ou le sucre dans le jus. Réserver.

—

Dans une petite casserole, saupoudrer la gélatine sur 60 ml (1/4 tasse) de jus. Laisser gonfler 5 min.

—

À feu doux, fondre la gélatine et l'ajouter au jus réservé.

—

Partager les fruits dans des verres ou dans des coupes de verre.

—

Verser le jus sur les fruits, couvrir d'une pellicule de plastique et refroidir 5 h ou jusqu'à ce que la gélatine soit prise.

* * *

Variantes
Remplacer le jus des agrumes par du jus de raisin blanc (muscat) ou un bon vin mousseux.

—

Ajouter au jus environ 5 ml (1 c. à thé) d'eau de fleur d'oranger ou 60 ml (1/4 tasse) de liqueur à l'orange.

Ajouter au jus des feuilles de menthe en chiffonnade.

Gelée de jus de fruits pour les petits

*Pour faire plaisir à mes amis parents
qui n'ont pas toujours le temps de cuisiner des biscuits avec les enfants.*

/ 142

60ML (4C. À SOUPE)
DE GÉLATINE NEUTRE
(4 SACHETS)

1L (4 TASSES)
DE JUS DE FRUIT AU CHOIX:
ORANGE, CANEBERGES,
RAISAIN ROUGE OU BLANC
OU UN NECTAR

DANS UN BOL, FAIR GONFLER LA GÉLATINE DANS 250 ML
(1 TASSE) DE JUS DE FRUIT ENVIRON 5 MIN.
DANS UNE CASSEROLE, CHAUFFER LE RESTE DU JUS DE FRUITS
AU POINT D'ÉBULLITION, AJOUTER LA GÉLATINE GONFLÉE ET
REMUER POUR DISSOUDRE
VERSER LA PRÉPARATION DANS UN MOULE CARÉ DE
23 CM (9 PO).
LAISER PRENDRE AU RÉFRIGÉRATEUR AU MOINS 3H
OU TOUT UNE NUIT.
POUR DÉMOULER TREMPER QUELQUES SECONDES LE FOND
DU MOULE DANS L'EAU CHAUDE ET RENVERSER SUR UNE
PLAQUE.
DÉCOUPER DES FORMES À L'AIDE D'EMPORTE-PIÈCES.

EMMA SAVOIE DROUIN
8 ANS ET DEMIE

Raisins au porto

À l'apéro, en accompagnement des fromages, pour terminer le repas…
comme bon vous semblera !

* * *

500 g (1 lb)
de raisins sans pépin
—
5 longs zestes de citron
—
250 ml (1 tasse)
de porto
ou de vin de muscat

* * *

<u>À l'aide de ciseaux</u>, couper la
grappe de raisins en petites grappes
de 3 ou 4 raisins.

—

<u>Déposer</u> les «grappettes» de raisins
et les zestes de citron dans un sac
à congélation moyen et y verser
le porto.

—

<u>Refermer</u> le sac et aspirer à l'aide
d'une paille le maximum d'air afin
d'immerger les raisins dans le porto.

—

<u>Laisser macérer</u> au moins 6 à 8 h.
Déposer dans une coupe et grignoter
en fin de repas.

* * *

Raisins glacés

Une astuce plus qu'une recette :
des sorbets miniatures.

* * *

Retirer les raisins de la branche et
déposez-les sur une grande plaque.
Placer au congélateur 2 à 3 h ou
jusqu'à ce que les raisins soient gelés.
Déposer les raisins glacés dans une
coupe et grignoter.

* * *

Affogato

(Café chaud et glace)

Affogato, c'est-à-dire une glace noyée dans du café.
Réunion de deux délices italiens caffè *et* gelato.

* * *

Crème glacée à la vanille,
au café ou au chocolat
—
Bon café espresso chaud

* * *

Dans une tasse ou dans une coupe
en verre, placer une boule de crème
glacée et verser le café chaud sur
la glace.
—
Savourer le mélange chaud-froid,
doucement.

* * *

Poires pochées au miel épicé

Le plaisir de jouer avec les épices et les fruits.

4 portions

* * *

4 poires Bosc
ou une variété ferme

—

125 ml (1/2 tasse)
de miel

—

4 longs zestes de citron
ou d'orange

—

30 ml (2 c. à soupe)
de jus de citron

—

2 anis étoilé

—

10 grains de poivre

—

1 bâton de vanille fendu
sur la longueur et gratté
ou 15 ml (1 c. à thé)
de vanille

—

1 piment chili

—

Eau en quantité suffisante

* * *

Peler les poires sans enlever la queue, retirer le cœur à l'aide d'une cuillère parisienne ou d'un couteau. Réserver les poires dans l'eau citronnée.

Dans une casserole, mettre ensemble le miel, le zeste et le jus de citron et les épices. Si on utilise à la place du bâton de vanille, la vanille, l'ajouter seulement après la cuisson.

Coucher les poires dans la casserole et ajouter environ 750 ml (3 tasses) d'eau ou juste assez pour les couvrir. Couvrir d'un disque de papier parchemin ou du couvercle de la casserole.

Porter à ébullition.

Réduire la chaleur et laisser frémir en retournant les poires plusieurs fois jusqu'à ce qu'elles soient tendres sans être molles, 15 à 20 min.

Ajouter la vanille si on n'a pas utilisé de bâton de vanille précédemment. Refroidir dans le sirop et réfrigérer.

* * *

Servir
Froides ou à la température ambiante avec un yaourt nature.
—
Avec une glace ou du mascarpone allongé d'un peu de sirop.
—
Ou avec une sauce au chocolat (p. 170).

Conservation
En saison, on peut en préparer une grande quantité, les répartir dans des bocaux hermétiques et les garder au frigo ou les offrir en cadeau en laissant les aromates dans le sirop comme décoration.

Boutons à la cardamome

Un sablé au parfum exquis que ma cousine Chantal
nous offre à chaque Noël.

48 sablés
* * *
180 ml (3/4 tasse)
de beurre
à température ambiante
—
160 ml (2/3 tasse)
de cassonade
—
60 ml (1/4 tasse)
de crème 15 %
—
375 ml (1 1/2 tasse)
de farine
—
10 ml (2 c. à thé)
de cardamome moulue
—
2 ml (1/2 c. à thé)
de poudre à pâte
—
2 ml (1/2 c. à thé)
de bicarbonate de soude
—
Une grosse pincee de sel
* * *

Dans un bol, à l'aide du batteur électrique ou à la cuillère, fouetter ensemble le beurre et la cassonade jusqu'à l'obtention d'un mélange crémeux. Ajouter la crème, mélanger.

Dans un autre bol, tamiser la farine, la cardamome, la poudre à pâte, le bicarbonate et le sel. Incorporer au mélange précédent.

Partager la pâte en deux parts égales.

Sur une pellicule de plastique, former deux rouleaux d'environ 30 cm (12 po) de longueur sur 2,5 cm (1 po) de diamètre. Envelopper soigneusement de pellicule de plastique et ensuite de papier d'aluminium.

Congeler au moins 1 h.

Préchauffer le four à 190 °C (375 °F).

Découper la pâte en tranches de 1 cm (3/8 po). À l'aide de l'extrémité d'une baguette chinoise faire deux trous et déposer les tranches sur une plaque à cuisson.

Cuire environ 8 min. Tiédir sur une grille.

* * *

Conservation
La pâte se conserve des mois
au congélateur. On a toujours sous
la main ces sablés pour servir avec
des mignardises, chocolats et petits
fruits, ou encore pour accompagner
glace et sorbet.

Carrés de truffe

Entre le bricolage et la cuisine.
Un moule bien humble : un carton de lait vide pour une mignardise aussi noble.
Seize petits «carrés» de chocolat à servir en fin de repas
accompagnés de biscuits, nougat, petits fruits frais ou secs.

/ 150

16 petits carrés

* * *

60 ml (1/4 tasse)
de crème 35 %

—

120 g (4 oz)
de chocolat mi-sucré haché

—

5 ml (1 c. à thé)
de beurre

—

Cacao

* * *

Tailler le fond d'un carton de lait de 1 l à 2,5 cm (1 po) de hauteur.

Au besoin, découper un double fond de la même taille pour obtenir une surface lisse.

Tapisser le fond de la boîte d'une double épaisseur de pellicule de plastique en le laissant largement dépasser pour faciliter le démoulage.

Verser la crème dans une casserole et porter à ébullition. Retirer du feu et ajouter le chocolat. Ajouter le beurre et remuer à la cuillère en bois afin de fondre complètement le chocolat.

Verser la ganache dans le moule, couvrir le moule d'une pellicule de plastique et réfrigérer quelques heures jusqu'à ce que la ganache soit bien refroidie.

Démouler, retirer la pellicule de plastique et, si nécessaire, lisser la surface à l'aide d'un long couteau passé à l'eau bouillante et bien essuyé.

Pour faciliter la découpe, passer le couteau sous l'eau chaude et essuyez-le avant de tailler 16 carrés de 1,5 cm (1/2 po).

Poudrer de cacao la surface des carrés.

* * *

À l'alcool

* * *

Incorporer 15 ml (1 c. à soupe) de Bailey's, Grand Marnier, rhum, Pernod, brandy, etc., dans la ganache avant de verser dans le moule.

* * *

À la menthe fraîche

* * *

On est très loin des After eight grâce au goût de menthe fraîche. Faire infuser 30 à 45 ml (2 à 3 c. à soupe) de feuilles de menthe fraîche hachées dans 80 ml (1/3 tasse) de crème froide 1 h. Chauffer ensuite la crème, la filtrer et y faire fondre 60 ml (1/4 tasse) de chocolat haché en remuant jusqu'à ce que le chocolat soit fondu.

* * *

Au thé à la bergamote

* * *

Faire infuser 1 sachet de thé Earl Grey dans la crème chaude 15 min. Bien presser le sachet pour en extraire le maximum de saveur et filtrer la crème dans une passoire pour en retirer les particules de thé. Chauffer la crème de nouveau avant d'y faire fondre le chocolat.

* * *

Cake amandes, chocolat et dattes

*Pour les jours de fête,
que des amandes grillées, du bon chocolat et des dattes :
le gâteau préféré de mon père.*

16 carrés

* * *

410 ml (1 2/3 tasse)
d'amandes

—

250 g (8 oz)
de chocolat mi-sucré
haché grossièrement

—

6 blancs d'œufs

—

60 ml (1/4 tasse)
de sucre

—

250 g (8 oz) ou 500 ml (2 tasses)
de dattes finement hachées

* * *

Garniture

—

Crème fraîche ou fouettée

—

Cacao

* * *

Préchauffer le four à 180 °C (350 °F).

—

Sur une plaque à cuisson, griller
légèrement les amandes 7 à 8 min.
Laisser refroidir complètement.

—

Beurrer un moule à gâteau carré
de 23 cm (9 po) et le tapisser d'un
papier parchemin.

—

Dans le bol du robot culinaire,
hacher grossièrement les amandes et
le chocolat par touches successives.
Réserver.

—

Dans un grand bol, monter les blancs
d'œufs en neige ferme à l'aide du
batteur électrique en ajoutant le sucre
petit à petit.

—

À l'aide d'une spatule, incorporer
délicatement le mélange amandes
et chocolat, et les dattes.

—

Verser dans le moule.

—

Cuire 40 à 45 min.

—

Laisser à la température ambiante
sans démouler jusqu'à ce que le
cake soit refroidi.

—

Démouler le cake sur une assiette et
le réfrigérer toute la nuit.

—

Tailler le gâteau en carrés, garnir
selon votre goût.

* * *

*Servir
tiède ou à la température ambiante.*

—

*Note
Utiliser les jaunes d'œufs
(qui se conservent au frigo
jusqu'à 3 jours dans un bocal
hermétique) dans :*

—

Une mayonnaise (p. 178).

—

Un spaghetti à la carbonara.

—

Une crème anglaise.

—

Des crèmes caramel.

—

Un pouding…

*Conservation
Se conserve plusieurs jours au frigo
dans un contenant hermétique.*

Pots de crème au chocolat

Un bijou de recette que mon amie Michelle Gélinas fait depuis des lunes.
À peine revisitée avec un parfum différent. Petite portion… grand bonheur!
Meilleur sera le chocolat, meilleur sera…

/ 154

6 à 8 portions

* * *

180 ml (3/4 tasse)
de crème 10 % ou de lait entier

—

150 à 180 g (5 à 6 oz)
de chocolat mi-sucré

—

45 ml (3 c. à soupe)
de café espresso ou très fort,
chaud

—

3 œufs

—

30 ml (2 c. à soupe)
d'alcool (rhum, cognac,
liqueur de café ou d'orange)
ou de café

* * *

Garniture, au choix

—

Crème légèrement fouettée

—

Grains de café enrobés
de chocolat fondu

—

Poudre de cacao

—

Morceaux de fruits frais

* * *

Faire chauffer la crème jusqu'au point
d'ébullition.

—

Dans le récipient du mélangeur ou du
robot culinaire, hacher le chocolat.

—

L'appareil toujours en marche, ajouter
le café chaud, les œufs et l'alcool,
si désiré.

—

Verser la crème bouillante en filet.

—

Remplir des tasses à espresso, des
verres ou des petits bols à thé d'une
capacité de 80 ml (1/3 tasse).

—

Réfrigérer au moins 2 h.

* * *

Parfumée à la cardamome

* * *

Infuser 1 ml (1/4 c. à thé) de graines
de cardamome dans la crème ou dans
le lait chaud jusqu'à ce que celui-ci
soit parfumé. Réchauffer au point
d'ébullition et filtrer en versant le
liquide bouillant dans le récipient du
mélangeur ou du robot culinaire.

Pouding vapeur au chocolat épicé

Un plat typique du temps des fêtes dans une version moins traditionnelle.
Les parfums d'épices, café et chocolat se fondent dans ce pouding cuit à la vapeur.
Ce pouding a aussi l'immense avantage de se préparer à l'avance.

/ 156

8 portions

* * *

120 g (4 oz)
de chocolat mi-sucré haché

—

125 ml (1/2 tasse)
de beurre

—

2 œufs

—

125 ml (1/2 tasse)
de cassonade tassée

—

60 ml (1/4 tasse)
de jus d'orange

—

15 ml (1 c. à soupe)
de zeste d'orange râpé finement

—

250 ml (1 tasse)
de farine

—

7 ml (1 1/2 c. à thé)
de poudre à pâte

—

7 ml (1 1/2 c. à thé)
de gingembre

—

5 ml (1 c. à thé)
de cannelle moulue

—

2 ml (1/2 c. à thé)
de poivre fraîchement moulu

—

2 ml (1/2 c. à thé)
de moutarde en poudre

—

125 ml (1/2 tasse)
de café fort froid

—

15 ml (1 c. à soupe)
de vanille

* * *

Beurrer généreusement un moule à pouding à la vapeur muni d'un couvercle hermétique* d'une capacité de 1 l (4 tasses).

—

Fondre le chocolat et le beurre au bain-marie. Remuer régulièrement jusqu'à ce que le chocolat soit fondu.

Retirer du feu et laisser tiédir quelques minutes.

—

Dans un autre bol, mélanger les œufs et la cassonade jusqu'à ce que la consistance soit homogène.

Incorporer le mélange de chocolat au mélange aux œufs.

Ajouter le zeste et le jus d'orange.

—

Tamiser tous les ingrédients secs sur le chocolat et incorporer en pliant juste assez pour les mouiller. Incorporer le café fort et la vanille.

Verser l'appareil dans le moule et couvrir.

—

Déposer le moule dans une casserole d'eau chaude en vous assurant que l'eau atteigne la mi-hauteur du moule.

Couvrir la casserole et porter à ébullition. Réduire la chaleur de façon que l'eau frémisse.

Cuire environ 1 h 30. En cours de cuisson, ajouter de l'eau chaude au besoin pour maintenir le niveau d'eau.

—

Démouler le gâteau sur une assiette de service et servir chaud ou tiède.

* * *

Servir
Avec une bonne glace à la vanille légèrement ramollie au réfrigérateur.

—

Napper d'une crème anglaise ou d'un filet de sauce au chocolat (p. 170).

Note
Pour réchauffer le pouding, placer le moule dans une casserole. Verser de l'eau bouillante jusqu'au tiers de la hauteur du moule. Réduire le feu au plus bas, et réchauffer à couvert 30 à 40 min.

*À défaut du moule classique muni d'un couvercle, utiliser un cul-de-poule ou un moule haut en faïence. Recouvrir d'un morceau de papier d'aluminium beurré et fixé fermement à l'aide d'une corde.

Gâteau de fête au chocolat

À l'émission, on a tous craqué pour le gâteau au chocolat du Cluny.
On le retrouve à chacune de nos fêtes.
En plus d'être succulent, il sert au moins 16 personnes.

/ 158

16 portions

* * *

250 g (8 oz)
de chocolat mi-sucré
haché grossièrement

—

125 ml (1/2 tasse)
de beurre doux

—

250 ml (1 tasse)
d'eau bouillante

—

3 œufs

—

500 ml (2 tasses)
de sucre

—

10 ml (2 c. à thé)
de vanille

—

125 ml (1/2 tasse)
de crème sure

—

5 ml (1 c. à thé)
de bicarbonate de soude

—

500 ml (2 tasses)
de farine

—

125 ml (1/2 tasse)
de cacao

—

7 ml (1 1/2 c. à thé)
de poudre à pâte

—

2 ml (1/2 c. à thé)
de sel

* * *

Préchauffer le four à 180 °C (350 °F).

—

Beurrer généreusement et fariner un
moule à cheminée.

—

Dans la partie supérieure d'un
bain-marie, fondre **180 g (6 oz)**
de chocolat avec le beurre. Ajouter
l'eau bouillante. Réserver.

—

Dans un grand bol, battre ensemble
les œufs, le sucre et la vanille.
Réserver.

—

Dans un autre bol, battre ensemble
la crème sure et le bicarbonate.
Réserver.

—

Dans un grand bol, mélanger la
farine, le cacao, la poudre à pâte
et le sel. Réserver.

—

Ajouter le mélange aux œufs au
mélange au chocolat.

—

Verser sur les ingrédients secs,
incorporer à la cuillère. Fouetter
ensuite pour bien mélanger.

—

Incorporer la crème sure et le reste
du chocolat haché.

—

Verser l'appareil dans le moule
préparé.

—

Cuire environ 50 min ou jusqu'à ce
qu'un couteau inséré dans le gâteau
en ressorte propre. Démouler le gâteau
sur une grille et laisser refroidir.

—

Verser doucement la ganache
(ci-contre) sur le gâteau.

* * *

Ganache

* * *

125 ml (1/2 tasse)
de crème 35 %

—

180 g (6 oz)
de chocolat mi-sucré haché

* * *

Dans une casserole, porter à ébullition
la crème.

—

Mettre le chocolat dans un bol et
y ajouter la crème bouillante.

—

Retirer du feu et remuer jusqu'à ce
que le chocolat soit fondu. Tiédir à la
température ambiante jusqu'à ce que
la ganache épaississe légèrement.

* * *

Croustillant pommes pacanes

L'émission À la di Stasio *était à peine terminée,*
que l'équipe se jetait sur les petits bols encore chauds!

6 portions

* * *

6 grosses pommes
pelées, épépinées, en morceaux
(Golden, Cortland, Braeburn
ou Rome Beauty)

—

60 ml (1/4 tasse)
de cassonade tassée
ou de sirop d'érable

—

30 ml (2 c. à soupe)
de fécule de maïs

—

Jus de 1 citron

* * *

Croustillant

—

90 ml (6 c. à soupe) de farine

—

125 ml (1/2 tasse)
de cassonade tassée

—

90 ml (6 c. à soupe)
de beurre mou

—

500 ml (2 tasses)
de pacanes
hachées grossièrement

* * *

Préchauffer le four à 180 °C (350 °F).

—

Dans un bol, mélanger les pommes,
la cassonade, la fécule et le jus
de citron.

—

Verser dans 6 ramequins d'environ
250 ml (1 tasse) ou dans un moule
carré de 23 cm (9 po).

—

Mélanger les ingrédients du croustillant et répartir sur les pommes.

—

Cuire 30 à 35 min pour les crous-
tillants individuels et 35 à 40 min
pour le grand moule.

* * *

Servir
le croustillant chaud ou tiède
et l'accompagner de glace
à la vanille, de yaourt 10%
ou de crème épaisse.

Note
On peut aussi mélanger
les ingrédients du croustillant
dans le bol du robot culinaire
par touches successives.

Variante
Parfumer selon votre goût
de cannelle, de muscade, de piment
de la Jamaïque ou de romarin frais
haché finement.

Tartes fines mangues et frangipane

*À la mangue ou à la poire,
carrées ou rondes, l'après-midi ou le soir,
c'est toujours bon.*

4 portions

* * *

Frangipane*

—

60 ml (1/4 tasse)
de beurre
à température ambiante

—

60 ml (1/4 tasse)
de sucre

—

1 œuf

—

125 ml (1/2 tasse)
d'amandes en poudre

—

1 ml (1/4 c. à thé)
d'essence d'amande

* * *

Croûte

—

200 g (7 oz)
de pâte feuilletée du commerce
(1/2 boîte)

—

3 mangues ou poires
(*voir* Variante)

—

15 ml (1 c. à soupe)
de sucre (facultatif)

* * *

Pour la frangipane, battre dans un bol le beurre et le sucre au batteur électrique jusqu'à ce que le mélange soit pâle et crémeux. Ajouter l'œuf, battre jusqu'à ce que le mélange soit homogène. Incorporer les amandes en poudre et l'essence d'amande. Réserver.

—

Préchauffer le four à 200 °C (400 °F).

—

Tapisser une plaque à cuisson de papier parchemin ou d'aluminium.

—

Sur un plan de travail légèrement fariné, abaisser la pâte à 3 mm (1/8 po) d'épaisseur.

—

Découper la pâte pour former 4 cercles de 15 cm (6 po) à l'aide d'une assiette à pain renversée.

—

Piquer la pâte à plusieurs reprises à l'aide d'une fourchette. Réserver au congélateur ou 1 h au réfrigérateur.

Laver les mangues, entailler la peau et, à l'aide d'un couteau économe, peler. Tailler le plus près possible de chaque côté du noyau. Couper la chair en lamelles.

—

Étaler uniformément la frangipane sur chaque disque de pâte.

Disposer les tranches de mangues en cercle en les faisant se chevaucher. Saupoudrer les fruits de sucre, si désiré.

—

Cuire au four 15 à 20 min ou jusqu'à ce que les mangues soient dorées et le dessous de la pâte bien cuit.

* * *

*Servir
tièdes.*

*Variante
À la place des mangues, utiliser des poires pelées. Couper en 2, retirer le cœur à l'aide d'une cuillère parisienne puis trancher les poires avant de les disposer sur la frangipane.*

*On peut remplacer la frangipane par 125 ml (1/2 tasse) de massepain (pâte d'amandes) râpé à raison de 30 ml (2 c. à soupe) par tarte.

Gâteau soufflé au citron

La texture du soufflé et la sauce accumulée au fond du plat rendent ce gâteau irrésistible.
Un must pour les aficionados du citron.

6 à 8 portions

* * *

4 œufs,
jaunes et blancs séparés
—
Une pincée de sel
—
250 ml (1 tasse)
de sucre
—
125 ml (1/2 tasse)
de beurre
à température ambiante
—
125 ml (1/2 tasse)
de farine
—
Zestes de 2 citrons râpés
—
80 ml (1/3 tasse)
de jus de citron
—
375 ml (1 1/2 tasse)
de lait

* * *

Préchauffer le four à 190 °C (375 °F).
—
Beurrer un grand moule à soufflé
d'une capacité de 1,5 l (6 tasses) et
le placer dans un plat à cuisson de
23 x 33 cm (9 x 13 po).
—
Dans un grand bol, à l'aide du batteur
électrique, fouetter les blancs d'œufs
en neige avec le sel, jusqu'à formation
de pics mous.
—
Ajouter peu à peu 60 ml (1/4 tasse)
de sucre en fouettant jusqu'à ce que
la meringue soit ferme et satinée,
environ 5 min. Réserver.
—
Dans un bol moyen, battre en crème
le beurre et le reste du sucre au
batteur électrique 2 min ou jusqu'à ce
que le mélange soit léger et crémeux.
Ajouter les jaunes d'œufs, un à la fois,
en battant entre chaque addition.
—
Tamiser la farine sur le mélange.
Continuer de fouetter jusqu'à ce que
la pâte soit homogène et lisse.
—
Ajouter les zestes et le jus de citron,
puis le lait. Bien mélanger.
—
Incorporer les blancs d'œufs en pliant
délicatement à l'aide d'une spatule.
—
Verser l'appareil dans le moule.
Verser de l'eau bouillante dans le
plat à cuisson jusqu'à mi-hauteur
du moule à soufflé.

Cuire au four 35 à 40 min ou
jusqu'à ce que le dessus du gâteau
commence à dorer et que le gâteau
soit pratiquement pris.
—
Laisser tiédir 10 min au comptoir
avant de servir.

* * *

Note
Ce dessert se réchauffe bien
à la portion au micro-ondes.

caramel à tartiner

J'ai toujours eu peur de faire du caramel.
Le chef Mustapha Rougaibi en a préparé à l'émission; j'ai succombé et j'ai commencé à en faire pour tous mes amis.
C'est peut-être la seule recette du livre qui demande un peu plus d'attention.
La confiserie étant ce qu'elle est, il faut y mettre du doigté… mais c'est tellement bon!

5 bocaux
de 250 ml (8 oz)

* * *

500 ml (2 tasses)
de sucre
—
125 ml (1/2 tasse)
de sirop de maïs blanc
—
830 ml (3 1/3 tasses)
de crème 35 % à cuisson,
chaude
—
360 g (3/4 lb)
de beurre salé en pommade
—
10 ml (2 c. à thé)
de sel de Guérande
ou de fleur de sel
(facultatif)

* * *

Remplir le fond de l'évier d'eau froide.
—
Dans une casserole épaisse et profonde de 5 l (20 tasses), mélanger le sucre et le sirop de maïs.
—
Cuire le caramel à **feu moyen**, en remuant, de 185 °C (365 °F) à 190 °C (374 °F) au thermomètre à sucre.
—
Au besoin, retirer la casserole du feu.
—
C'est l'étape la plus délicate. Soyez vigilant, la température monte très rapidement. Aussitôt la température atteinte, déposer le fond de la casserole dans le bain d'eau froide pour en arrêter la cuisson.
—
Si la température est dépassée et que le caramel est **trop** foncé, il n'y a rien à faire. Il faut recommencer, car le caramel serait trop amer.
—
Ajouter peu à peu la crème chaude en remuant. ATTENTION! CELA PEUT ÉCLABOUSSER.
—
La température baissera.
—
Poursuivre la cuisson **jusqu'à 107 °C (225 °F)** en remuant.
—
Laisser **refroidir jusque entre 30 et 40 °C (86 à 104 °F).**
—
Incorporer le beurre en brassant vivement à l'aide d'une cuillère en bois. Ajouter le sel, si désiré et mélanger.
—
Remplir des bocaux et conserver au réfrigérateur.

* * *

Servir
Tartiner sur du pain grillé.
—
Pour un dessert rapide, garnir une cuillère à soupe de caramel et y piquer un carré de bon chocolat noir.
—
On pourra aussi verser le caramel chaud en filet sur une salade de fruits ou sur une glace.

Note
Faire du caramel est une question d'habitude et de goût.
Libre à vous de varier la température du caramel entre 185 °C (365 °F) et 195 °C (383 °F), pour obtenir un caramel plus amer.

— **Les bases** —
trucs et recettes

✶ ✶ ✶

Agrumes
Comment prélever les segments

* * *

Il faut d'abord peler les agrumes à vif. Pour ce faire, à l'aide d'un couteau bien tranchant, retirer la pelure des agrumes ainsi que la membrane blanche en coupant le plus près possible de la chair qui sera ainsi exposée.

—

Ensuite, glisser la lame du couteau entre les fines membranes qui séparent les segments et les dégager délicatement.

—

Toujours procéder au-dessus d'un bol pour recueillir le jus du fruit.

* * *

Ail confit
Voir p. 117

* * *

Asperge
Comment la parer

* * *

Pour les conserver, couper le pied de chaque asperge et les placer debout dans un bocal rempli à moitié d'eau fraîche. Couvrir d'un sac de plastique et réfrigérer.

—

Pour préparer les asperges à la cuisson, casser la tige en pliant l'asperge jusqu'à ce qu'elle casse d'elle-même. Peler, de la fleur au bout de la tige, à l'aide d'un couteau économe.

—

On peut cuire les asperges en les blanchissant dans de l'eau bouillante salée, on peut les cuire à la vapeur ou les griller au four ou sur le barbecue.

* * *

Canneberges
Sauce aux canneberges
Environ 500 ml (2 tasses)

* * *

80 ml (1/3 tasse)
de feuilles de menthe fraîche,
hachées

—

1 sac de 300 g (10 1/2 oz)
de canneberges fraîches
ou congelées

—

Zeste de 1 orange râpé finement

—

250 ml (1 tasse)
de jus d'orange

—

125 ml (1/2 tasse)
de sucre

* * *

<u>Dans une casserole</u>, porter tous les ingrédients à ébullition en remuant régulièrement.

<u>Réduire</u> la chaleur et laisser mijoter 10 min ou jusqu'à ce que les canneberges commencent à éclater. Laisser tiédir.

<u>Verser</u> dans un bocal, fermer hermétiquement et réfrigérer.

* * *

Chocolat
Ganache
Voir recette p. 158

* * *

Sirop au chocolat
180 ml (3/4 tasse)

* * *

125 ml (1/2 tasse)
de sucre

—

60 ml (1/4 tasse)
de cacao

—

125 ml (1/2 tasse)
d'eau

—

60 g (2 oz)
de chocolat mi-sucré haché

* * *

<u>Dans une petite casserole</u>, mélanger le sucre et le cacao. Ajouter l'eau et le chocolat haché.

—

<u>Chauffer</u> à feu moyen en brassant constamment jusqu'à ce que le chocolat soit fondu.

—

<u>On peut faire le sirop à l'avance</u>, le réfrigérer et le réchauffer au besoin.

* * *

Sauce au chocolat
180 ml (3/4 tasse)

* * *

120 g (4 oz)
de chocolat mi-sucré
haché grossièrement

—

125 ml (1/2 tasse)
de crème 35 %

* * *

<u>Dans un cul-de-poule</u> posé sur une casserole d'eau frémissante, fondre le chocolat dans la crème en remuant de temps en temps.

—

<u>Verser</u> dans un bocal, tiédir et réfrigérer à couvert.

—

<u>Réchauffer</u> au moment de servir.

* * *

Croûtons

Bruschettas ou crostinis

* * *

Bruschettas ou crostinis sont des incontournables. Les premières sont des tranches de pain rustique, de campagne, plus ou moins grandes. Le pain est grillé sous le gril ou au grille-pain et frotté ou pas d'une demi-gousse d'ail, à chaud. Les tranches de pain sont ensuite garnies au choix de peperonata (p. 120), par exemple.

—

Les crostinis, quant à eux, sont plus petits : pain carré coupé en quatre, pain ficelle et baguette en tranches… Une fois grillés aussi, ils sont utilisés comme bases de canapés.

* * *

Pain baguette ou ficelle grillé

* * *

Préchauffer le four à 180 °C (350 °F).

—

Couper le pain en tranches droites ou en diagonale. Déposer sur une plaque à cuisson et cuire environ 15 min ou jusqu'à ce que le pain soit doré.

* * *

Croûtons en dés

* * *

Le pain pour les croûtons se taille beaucoup mieux quand il n'est pas trop frais.

—

Les croûtons sont incomparables avec ceux qu'on trouve généralement sur le marché. À déposer sur les potages et les salades.

* * *

1 l (4 tasses)
de pain, sans la croûte,
en dés uniformes
de 1 à 2,5 cm (1/2 à 1 po)

—

60 ml (1/4 tasse)
d'huile d'olive, de beurre fondu
ou les 2 en parts égales

—

Sel et poivre du moulin

—

Parmesan, épices, herbes, ail écrasé
(facultatif)

* * *

Préchauffer le four à 180 °C (350 °F).

—

Dans un bol, mélanger les croûtons, l'huile ou le mélange de beurre et d'huile. Saler et poivrer. Assaisonner si désiré.

—

Déposer sur une plaque à cuisson en un seul rang. Cuire environ 15 min ou jusqu'à ce que les croutons soient dorés en secouant la plaque à quelques reprises.

* * *

Croûtons pita

* * *

En fait, ces croûtons sont meilleurs que des chips! Ils accompagnent très bien l'hoummos et autres tartinades, certains potages aux parfums moyen-orientaux ou émiettés sur les salades.

* * *

Pitas moyens
d'environ 18 cm (7 po)

—

Huile d'olive

—

Sel de mer

—

Poivre

Épices, au choix
zatar
(un mélange à base de thym
et de sésame que l'on trouve dans
les épiceries moyen-orientales),
curry, paprika, origan
ou
Remplacer le sel
par du sel de céleri ou de citron.

* * *

Préchauffer le four à 180 °C (350 °F).

—

Ouvrir le pita en 2, le badigeonner d'huile et assaisonner, au goût.

—

Empiler les pitas les uns sur les autres et les couper en 8 pointes.

—

Déposer sur une plaque à cuisson et griller environ 8 min.

—

Ou les ouvrir et les laisser entiers, badigeonner d'huile, assaisonner et cuire jusqu'à ce que les croûtons soient dorés.

* * *

Épices

En rehausser la saveur

* * *

Pour accentuer le goût des épices, il est important de les chauffer légèrement pour permettre à l'huile essentielle qu'elles contiennent de se manifester.

—

Moudre ensuite les épices au mortier ou dans un moulin à café.

—

Pour nettoyer le moulin à café, mettre 30 ml (2 c. à soupe) de gros sel dans le moulin, actionner et secouer en même temps. Jeter le sel et bien essuyer le moulin avec un chiffon humide. Laisser sécher à l'air environ 10 min.

* * *

Fenouil

Comment le parer

* * *

Couper les branches du fenouil et retirer la première feuille extérieure si elle est flétrie. À l'aide d'un couteau économe, peler l'extérieur du bulbe pour en retirer les filaments ou les retirer à l'aide d'un petit couteau en tirant sur chacun.

—

Pour la cuisson, couper le bulbe en deux par le centre sans en abîmer le cœur qui maintient les feuilles en place. Couper ensuite en quartiers, toujours en laissant les feuilles attachées au cœur.

—

Le fenouil est délicieux cru, coupé en bâtonnets et servi avec une bonne huile d'olive ou de la tapenade. On le mange aussi émincé et servi en salade.

—

Cuit, il est délicieux braisé doucement dans du bouillon. Éviter cependant de trop le cuire.

* * *

Fraises et framboises

Coulis de fraises ou de framboises

250 ml (1 tasse)

* * *

1 boîte de 300 g (10 1/2 oz)
de fraises
ou de framboises congelées,
décongelées

—

60 ml (1/4 tasse)
de sucre

—

5 ml (1 c. à thé)
de jus de citron

* * *

Mettre tous les ingrédients dans le récipient du mélangeur ou du robot culinaire et réduire en purée. Bien racler les bords.

—

Pour les framboises, passer au tamis pour en retirer les grains.

* * *

Fromage

Idées pour le servir

* * *

Certaines personnes sont moins «dessert» et préfèrent terminer le repas avec un fromage. D'autant qu'on est fier de faire découvrir les bons fromages québécois et les nouveaux arrivages de l'étranger. On traîne à table sans avoir à cuisiner. Pour en profiter avec vos invités, il ne faut pas servir un repas trop lourd sinon… le fromage sera tout à vous le lendemain midi!

Si l'on sert plus d'un fromage, il faut doser les textures et les saveurs. Personnellement, je préfère servir un seul fromage. On présente un beau gros morceau avec un accompagnement bien choisi :

Avec des fruits

* * *

Comme pour le reste du repas, on suit les saisons. Petites baies, fraises ou autres avec des fromages frais. Des pommes en saison avec du cheddar ou des croûtes fleuries. Des figues fraîches, des poires…

* * *

Avec des noix

* * *

Des noix que vous aurez fait griller sur une plaque à 180 °C (350 °F) 8 à 10 min ou des noix entières que vous aurez plaisir à casser.

* * *

Avec des fruits secs

* * *

Natures ou gorges d'alcool. Ou encore une pâte de fruits comme la pâte de coing servie souvent en Espagne, délicieuse avec le fromage manchego ou les pâtes persillées.

* * *

Dans les salades

* * *

On y ajoute des fruits, des poires ou des figues et si vous avez une huile de noix, en ajouter quelques gouttes à votre vinaigrette et parsemer la salade de noix grillées.

* * *

Avec du pain

* * *

Toasts, biscottes mais surtout du pain de fabrication artisanale… Faites votre choix, croûte épaisse, mie tendre, raisins, noix, même la fougasse avec certains fromages.

* * *

Un restant de fromage

* * *

_ Penser grilled cheese (p. 108) de luxe. Un bon pain, un bon fromage. Y ajouter une garniture, des champignons sautés, un pesto de tomates séchées, de la roquette fraîche…

_ Le faire fondre sur un croûton et déposer le tout sur une soupe.

_ Le râper pour en gratiner des légumes ou des pâtes.

_ Le mélanger à une salade de tomates, de verdures…

_ En garnir une omelette.

_ En couvrir une pizza.

_ Pour un reste de bleu, le malaxer avec un peu de beurre et servir sur le bœuf ou le veau grillé ou encore sur des pommes de terre au four.

_ Utiliser la croûte de parmesan ou de grana padano en l'ajoutant au bouillon d'une soupe comme la minestrone (p. 42).

* * *

Huile
* * *

Je ne saurais trop vous encourager à découvrir les bonnes huiles d'olive et à les utiliser en condiment à cru au service. Il s'agit d'y penser. Avec les crudités, sur les légumes, les soupes, les salades, les purées, les grillades, les poissons et le riz. Il existe aussi d'excellentes huiles parfumées sur le marché, mais c'est gratifiant de les préparer soi-même.

Huile au citron
* * *

Parfaite pour y tremper un bon pain croûté, des crudités ou des feuilles d'artichauts. Cette huile est tout aussi délicieuse sur des salades, des poissons ou des légumes cuits. Après avoir essayé plusieurs méthodes, infusion à chaud, longues infusions à froid, celle-ci est la meilleure.

* * *

250 ml (1 tasse)

* * *

4 citrons,
bios de préférence

—

2 pincées de sel

—

250 ml (1 tasse)
d'huile d'olive

* * *

<u>Bien brosser</u> les citrons et retirer le zeste. J'utilise une râpe microplane. Surtout ne pas toucher la membrane blanche qui donnerait de l'amertume à l'huile.

—

<u>Déposer</u> dans un mortier ou un bol deux bonnes pincées de sel et y écraser le zeste pour en extraire l'huile. Prendre le temps de le faire. Couvrir le zeste de l'huile d'olive et laisser infuser au moins / h ou plus, au goût. Tapisser un tamis de papier absorbant et filtrer l'huile.

—

<u>Se conserve</u> au réfrigérateur quelques semaines.

* * *

Huile pimentée
250 ml (1 tasse)

* * *

250 ml (1 tasse)
d'huile d'olive
ou une autre huile

—

60 ml (1/4 tasse)
de flocons de piment
ou de petits piments écrasés

—

1 gousse d'ail entière pelée

—

1 feuille de laurier
(facultatif)

—

Herbes de Provence
(facultatif)

* * *

<u>Chauffer</u> doucement l'huile sans la faire bouillir.

—

<u>Ajouter</u> le piment et la gousse d'ail. Retirer du feu.

—

<u>Réserver</u> dans un pot et laisser macérer quelques jours avant de la goûter. Quand l'huile est à point, la filtrer dans un tamis tapissé d'une feuille de papier absorbant.

—

<u>Verser</u> dans une petite bouteille. Ne pas remettre la gousse d'ail mais ajouter, si vous le désirez, une feuille de laurier ou des herbes de Provence.

—

<u>À utiliser</u> sur les pâtes, les pizzas, les soupes et les sautés.

—

<u>Se conserve</u> au réfrigérateur.

* * *

Légumes

Comment les parer

* * *

Voir Asperge (p. 170);
Citronnelle (p. 66); Fenouil (p. 173);
Poivron (p. 179); Tomate (p. 179)

* * *

Mangue

Comment la peler et la couper

* * *

Voir p. 32

* * *

Mayonnaise

500 ml (2 tasses)

* * *

2 jaunes d'œufs ou 1 œuf

—

10 à 15 ml (2 à 3 c. à thé)
de moutarde de Dijon

—

Sel et poivre du moulin

—

15 à 30 ml (1 à 2 c. à soupe)
de vinaigre de vin blanc
ou de jus de citron

—

250 ml (1 tasse) d'huile de canola

—

80 ml (1/3 tasse) d'huile d'olive

* * *

<u>Dans un bol</u>, fouetter tous les
ingrédients sauf l'huile.

—

<u>En fouettant</u>, verser l'huile d'olive
goutte à goutte, puis incorporer
l'huile de canola en un mince filet.
Fouetter vigoureusement jusqu'à
l'obtention de la texture désirée*.

* * *

Note

*Pour la préparer au mélangeur,
ajouter l'huile d'olive au mélange
de jaunes d'œufs. Mélanger. Ajouter
l'huile de canola en un mince filet.*

* * *

* Si la mayonnaise est trop épaisse, l'allonger
avec quelques gouttes d'eau chaude, de jus de
fruits ou de pernod.
Si par malchance la mayonnaise se sépare,
recommencer dans un bol propre avec un jaune
d'œuf et de la moutarde de Dijon en y fouettant
de petites cuillerées du premier mélange jusqu'à
ce qu'elle reprenne. Poursuivre tel qu'indiqué
plus haut.

Olives

Comment les dénoyauter

* * *

Voir p. 14

* * *

Orange et pamplemousse

Voir Agrumes p. 170

* * *

Parmesan

Comment lever des copeaux

* * *

*Pour lever facilement les copeaux :
le fromage se travaille mieux s'il
est à la température ambiante.
À l'aide d'un couteau économe et
sur une surface suffisamment lisse
du fromage, lever le copeau d'un
mouvement continu en espérant
que le fromage «frise et roule» au
passage de la lame. C'est vraiment
le tour de main qui compte et une
fois acquis, tout va bien!*

* * *

Sauce au parmesan
Voir p. 94

* * *

Pâte brisée

* * *

Le secret de la pâte brisée au beurre est de très peu la travailler. Les petits morceaux de beurre emprisonnés dans la farine fondent à la cuisson et la vapeur qui s'en dégage fait lever la pâte qui n'en est que plus feuilletée.

* * *

2 abaisses de 23 cm (9 po)

* * *

500 ml (2 tasses) de farine

—

30 ml (2 c. à soupe) de sucre*

—

Une pincée de sel

—

250 ml (1 tasse)
de beurre froid en dés**

—

80 ml (1/3 tasse) d'eau glacée

* * *

Dans le bol du robot culinaire, mélanger les ingrédients secs environ 15 s. Disposer également le beurre sur le mélange, actionner l'appareil par touches successives jusqu'à ce que les particules de beurre aient la taille de petits pois.

Ajouter l'eau, mélanger par touches successives jusqu'à ce que la pâte forme une boule. Au besoin, ajouter 1 ou 2 cuillerées d'eau glacée supplémentaires.

—

Former une galette, l'envelopper d'une pellicule de plastique et réfrigérer au moins 30 min à 1 h.

—

Sortir la boule du réfrigérateur 15 min avant de l'utiliser. Abaisser en partant du centre.

* * *

Conservation
Se congèle 3 mois bien enveloppée dans une pellicule de plastique, puis dans un sac de plastique hermétique.

* * *

* Omettre le sucre pour une tarte salée.

** Pour une pâte plus feuilletée, on peut remplacer jusqu'à un quart de la quantité de beurre par une quantité équivalente de shortening.

Poivron

Comment le parer

* * *

Pour peler les poivrons, les couper en deux, les épépiner, les huiler et les déposer sur une plaque à cuisson tapissée de papier d'aluminium. Rôtir les poivrons sous le gril jusqu'à ce que la peau noircisse, environ 5 min.

Sortir du four et refermer le papier d'aluminium pour envelopper les poivrons. La vapeur qui se dégage des poivrons pendant qu'ils tiédissent fera lever la peau.

Retirer facilement la peau à l'aide d'un petit couteau. On peut aussi faire griller les poivrons sur le barbecue. Les déposer ensuite dans un bol, les couvrir le temps qu'ils tiédissent, avant de les peler.

* * *

Prosciutto

Voir Chips de prosciutto p. 30

* * *

Sauce au chocolat

Voir Chocolat p. 172

* * *

Sauce aux canneberges

Voir Canneberges p. 170

* * *

Sirop au chocolat

Voir Chocolat p. 172

* * *

tomate

Comment la parer

* * *

Si les tomates doivent être mangées cuites, il faut les peler et les épépiner.

Pour les peler facilement, faire une incision en croix à la base, retirer le pédoncule, les plonger dans l'eau bouillante 15 s. Les plonger ensuite dans l'eau glacée, puis les peler. Pour les épépiner, couper les tomates en deux et presser délicatement la chair pour en extraire le jus et les graines.

* * *

Sauce tomate
Voir p. 94

* * *

Sauce tomate à la menthe
Voir p. 94

* * *

**Sauce tomate et
sauce au parmesan**
Voir p. 94

* * *

Menus à la di'stasio

✳

*Bons, colorés et simples. Pour un lunch rapide,
un samedi soir avec des amis ou un repas festif,
voici quelques suggestions de menus
en attendant de vous approprier les recettes
et de les harmoniser selon votre goût.*

✳

Brunch 1

* * *

*On commence
par se réveiller les papilles!*
Pour les enfants :
Gelée de jus de fruits
pour les petits 142

—

Sorbet à la mandarine 138
ou
Gelée d'agrumes 140

* * *

RAMEQUINS D'ŒUFS
ET JAMBON 54

—

Avec une salade de saison
ou une salsa mexicaine

* * *

Plateau de fromages 175
ou dessert
Affogato 145
ou
Croustillant pommes pacanes 160
ou
Gâteau de fête au chocolat 158

* * *

Brunch 2

* * *

Pour les enfants :
Gelée de jus de fruits
pour les petits 142

—

Gelée d'agrumes 140

* * *

SOUFFLÉS AU FROMAGE
EN DEUX TEMPS 56

—

Avec une salade
de betteraves braisées 34
ou une salade de saison
et asperges rôties 118

* * *

Et comme douceur…
Raisins au porto 144
ou
Cake amandes, chocolat
et dattes 152
ou
Croustillant pommes pacanes 160

* * *

Lunch 1

* * *

Doré et croustillant!
GRILLED CHEESE 108

—

Avec un virgin Mary

* * *

Cake amandes, chocolat
et dattes 152
ou des pommes et des poires

* * *

Lunch 2

* * *

PISSALADIÈRE 106

—

Avec une salade de verdure,
vinaigrette au parmesan
(sans oignon rôti) 30
ou une salade de fenouil 36

* * *

Lunch 3

* * *

«BURGER» DE SAUMON
voir palets de saumon 60
avec mayonnaise
au citron et roquette
ou mayonnaise
au wasabi et concombre
accompagné de crudités

* * *

Et pour dessert…
Pots de crème au chocolat 154
ou
Sorbet à la mandarine 138

* * *

Plat unique

On dépose directement sur la table…

* * *

CHAMPVALLON 84

—

PÂTES, PIZZAS
ET SANDWICHS GRILLÉS 92-109

—

SOUPE-REPAS ASIATIQUE
AU POULET 66

—

FILET DE PORC
À L'ASIATIQUE 80

—

POULET AU FROMAGE
ET AUX LÉGUMES RÔTIS 68

—

TOURTE DE DINDE
ET DE CANARD 76

—

OSSO BUCO AU FENOUIL
AVEC GREMOLATA 90

* * *

Repas végétariens Idées

* * *

CAPONATA 98

—

PÂTES FARCIES AU FROMAGE, SAUCE TOMATE
ET COULIS DE PARMESAN 94

—

PASTA PEPE E CACIO 96

—

SOUFFLÉS AU FROMAGE EN DEUX TEMPS 56

—

PIZZA À L'ŒUF 104

—

PISSALADIÈRE 106

—

POLENTA CUITE AU FOUR 129
avec un tian courgettes et tomates 112
ou une peperonata 120

* * *

Repas rapides

Préparés à l'avance ou au dernier moment…
On passe à table en même temps que nos convives!

1

* * *

Salade nipponne 35
et poêlée de champignons
ou
Fumet de champignons 48

* * *

PRISE DU JOUR,
SAUCE À L'ORANGE 63

—

Riz basmati 128
ou
Purée de pommes de terre 122
et légumes verts 114

* * *

Poires pochées au miel épicé 146

* * *

2

* * *

En un tour de main.
Stracciatella 44
ou
Fumet de champignons 48

* * *

CONFIT DE CANARD 79
et salade de verdure

* * *

Pots de crème au chocolat 154
ou
Raisins au porto 144
ou
Poires pochées au miel épicé 146

* * *

3

* * *

Salade de tomates et mangues 32

* * *

CREVETTES SAUTÉES,
ÉMULSION DE GINGEMBRE 64

—

Riz basmati 128
et bok choy 114

* * *

Yaourt glacé aux litchis 136

* * *

4

* * *

Soupe aux œufs à la chinoise 44

* * *

PALETS DE SAUMON
À L'ORIENTALE 60
et salade de cresson nipponne 35

* * *

Sorbet à la mandarine 138

* * *

5

* * *

Plateau pour l'apéro
sans trop cuisiner 12

* * *

PASTA PEPE E CACIO 96

* * *

Raisins au porto 144
ou
Sorbet à la mandarine 138

* * *

6

* * *

Salade de fenouil 36

* * *

ESCALOPE DE DINDE PICCATA 72

Haricots verts rôtis 118
et pâtes au pesto
de tomates séchées

* * *

Plateau de fromages 175
ou une douceur
Pots de crème au chocolat 154
ou
Raisins au porto 144

* * *

7

* * *

Salade de verdure,
vinaigrette au parmesan 30
ou
Salade de fenouil, champignons
et parmesan 36

* * *

SAUCISSES ITALIENNES
AUX RAISINS 82

—

Polenta cuite au four 129
ou
Purée de pommes de terre 122
et rapinis 115

* * *

Affogato 145
ou
Glace artisanale

* * *

Un samedi soir

On se fait plaisir!

1

* * *

Fumet de champignons 48

ou

Huîtres 40

* * *

SAUMON EN CROÛTE D'ÉPICES 58

—

Purée de pommes de terre 122
et salade de betteraves braisées 34

ou

Salade de pommes de terre tièdes
à la moutarde 124

* * *

C'est toujours bon.
Tartes fines mangues
et frangipane 163

* * *

2

* * *

Fumet de champignons 48
aux petits légumes

ou

Potage à la courge musquée 47

* * *

Arôme garanti.
BRAISÉ DE BŒUF
À L'ANIS ÉTOILÉ 89

—

Purée de céleri-rave 123
et bok choy 114

* * *

Fruits de saison

ou

Gelée d'agrumes 140

* * *

3

* * *

Réconfortant!
Poireaux rôtis à la menthe 25

ou

Salade de verdure,
vinaigrette au parmesan 30

* * *

OSSO BUCO AU FENOUIL 90

—

Polenta cuite au four 129

ou

Purée de pommes de terre 122

ou

Pâtes au beurre
et à la gremolata 90

* * *

Panna cotta 32

* * *

4

* * *

Plateau pour l'apéro
sans trop cuisiner 12

ou

Stracciatella 44

* * *

En toute saison.
POULET AU FROMAGE
ET LÉGUMES RÔTIS 68
(version avec ou sans fromage)

* * *

Croustillant pommes pacanes 160

* * *

5

* * *

Potage à la courge musquée 47

* * *

Un classique.
CHAMPVALLON 84

—

Salade de verdure

* * *

Raisins au porto 144

ou

Poires pochées au miel épicé 146

* * *

6

Repas autour d'un plat braisé.

* * *

Peperonata 120

ou

Artichauts à la provençale 28

* * *

AGNEAU BRAISÉ
EN PAPILLOTE 86

—

Purée de pommes de terre 122
et légumes de saison

* * *

Poires pochées au miel épicé 146

ou

Pots de crème au chocolat 154

* * *

Pasta et pizza

* * *

Entrées et amuse-bouches
Fumet de champignons 48
aux petits légumes

—

Artichauts à la provençale 28

—

Plateau pour l'apéro
sans trop cuisiner 12

—

Salade de fenouil 36

—

Salade de verdure,
vinaigrette au parmesan 30

—

Olives au martini 14

* * *

Plat principal
Pâtes sauce tomate

—

Pasta pepe e cacio 96

—

Pâtes à la saucisse et aux épinards 100

—

Pasta à la caponata 98

—

Pizza à l'œuf 104

—

Pissaladière 106

* * *

Dessert
Panna cotta 132

—

Biscotti Vin Santo

—

Nougat et fruits de saison

—

Une glace artisanale avec
tuiles croustillantes au Rice Krispies 138
ou sauce au chocolat 170

—

Affogato 145

—

Raisins au porto 144

* * *

Repas asiatique 1

* * *

Soupe aux œufs à la chinoise 44

* * *

FILET DE PORC À L'ASIATIQUE 80

—

Salade de cresson nipponne 35

ou

Légumes rôtis 116-119

* * *

Yaourt glacé aux litchis 136

ou

Tartes fines mangues
et frangipane 163

ou

Tuiles croustillantes
au Rice Krispies 138
et sorbet exotique du commerce

* * *

Repas asiatique 2

* * *

Salade de cresson nipponne 35

* * *

Un bol bien fumant.
SOUPE-REPAS ASIATIQUE
AU POULET 66

* * *

Boutons à la cardamome 149
avec du thé

ou

Sorbet à la mandarine 138

* * *

Les fêtes 1

* * *

Mousse de foies de volaille 21

ou

Mousse de saumon fumé 18

ou

Huîtres 40

* * *

Cela va de soi.

POITRINE DE DINDE
AU PAMPLEMOUSSE 74

—

Légumes verts
(petits pois ou haricots verts)
et salade de betteraves braisées 34
et purée de patates douces
(sans olives) 123
ou purée de céleri-rave 123

* * *

Pouding vapeur
au chocolat épicé 156

ou

Plateau de mignardises :
biscuits, chocolat, truffes, fruits,
raisins au porto 144, nougat

* * *

Les fêtes 2

* * *

Fumet de champignons 48

ou

Mousse de foies de volaille 21

* * *

Un vrai délice.

TOURTE DE DINDE
ET DE CANARD 76

Salade de verdure et salade
de betteraves braisées 34
et sauce aux canneberges 170

* * *

Pouding vapeur
au chocolat épicé 156

ou

Plateau de mignardises :
biscuits, chocolat, truffes, fruits,
raisins au porto 144, nougat

* * *

Les fêtes 3

* * *

Huîtres 40

ou

Cappuccino de champignons 50

* * *

ESCALOPE DE DINDE PICCATA 72

Purée de pommes de terre/
voir les garnitures 122
et haricots verts rôtis 118

* * *

C'est tout bon.

Pots de crème au chocolat 154

ou

Raisins au porto 144

ou

Plateau de mignardises :
biscuits, chocolat, truffes, fruits,
raisins au porto 144, nougat

* * *

Idées cadeaux

* * *

Grissinis 16

Mousse de foies de volaille
aux figues 21

—

Magrets de canard séchés 38

—

Minestrone 42

—

Potage à la courge musquée 47

—

Huile pimentée 176

—

Huile au citron 176

—

Poires pochées au miel épicé 146

—

Boutons à la cardamome 149

—

Carrés de truffe 150

—

Cakes amandes, chocolat
et dattes 152

—

Gâteau de fête au chocolat 158

—

Caramel à tartiner 166

* * *

* * *

Des mercis, des mercis, des mercis!
Je vous l'ai déjà dit,
je vous le redis et vous l'écris,
dans l'ordre, le désordre peu importe :
ma cuisine ne se mesure pas,
mes remerciements non plus,
mais ils sont chaleureusement et
uniquement pour vous.

* * *

Merci à Stéphan Boucher,
grâce à toi nous y sommes arrivés!

—

Un très gros merci à Daniel Pinard.

—

Merci à mes amis et à ma famille
pour leur précieuse écoute durant
la rédaction de ce livre.

—

À l'Agence Goodwin,
Marie-Claude Goodwin,
Patrick Leimgruber de savoir
si bien m'accompagner.

—

À André Cornellier pour y avoir cru,
depuis toujours…

* * *

* * *

*Merci à tous ceux
qui m'ont épaulée
durant la réalisation du livre,
Louise Pesant,
Michelle Gélinas.*

—

*Un gros merci à Louise Savoie
et à ses assistants Jade Martel
et Alain Fournier pour les
très belles photos et pour leur
grande disponibilité.*

—

Grazie *Elena, Nino e Antonio.
Steve, merci.*

—

Un gros merci à Pierre Drouin.

—

*Merci à Josée Robitaille
qui a si gentiment pris la relève.*

—

*Merci à Colette Brossoit
et à Caroline Dumais
pour leur chaleureux accueil.*

—

*Un grand merci à Maryse Cantin
pour sa générosité.*

—

*Merci à Mario Mercier,
à Marie-Noëlle Turcotte,
à Nathalie Bonenfant, et à toute
la belle équipe de graphistes
chez orangetango.*

* * *

*Merci à Télé-Québec
d'avoir accepté que le livre porte
le nom de l'émission.*

—

*Merci à Zone3
d'avoir généreusement
participé au projet.*

—

*Merci à Gaz Métro
pour son appui.*

* * *

*Merci aux maraîchers,
aux marchands, aux importateurs
qui ont le souci de la qualité
et de l'écologie et qui nous donnent
accès à de merveilleux produits.*

* * *

A
* * *

Accompagnements 110-129

Affogato 145, 180, 182, 184

Agneau

Agneau braisé en papillote 86, 183

Champvallon 84, 181, 183

Hachis d'agneau 86

Agrumes

Agrumes – Comment prélever
les segments 170

Agrumes *voir aussi* Citrons;
Mandarine; Oranges; Pamplemousse

Gelée d'agrumes 140, 180, 183

Ail confit 117

Amandes

Cake amandes, chocolat
et dattes 152, 180, 181, 185

Tartes fines mangues
et frangipane 163, 183, 184

Amuse-bouches 10-21

Anis étoilé, Braisé de bœuf à l' 89, 183

Artichauts à la provençale 28, 183, 184

Asperges

Asperge – Comment la parer 170

Asperges rôties 118, 180

Asperges rôties au parmesan 25

Asperges, sauce à l'orange (Variante) 63

Aubergines

Caponata 98, 181

Pasta à la caponata 98, 184

B
* * *

Bases – trucs et recettes 168-179

Betteraves

Betteraves rôties 118

Salade de betteraves
braisées 34, 180, 183, 185

Bleuets

Mousse de fromage aux petits fruits 135

Bœuf à l'anis étoilé, Braisé de 89, 103

Bok choy –

En accompagnement 114, 182, 183

Boutons à la cardamome 149, 184, 185

Braisé de bœuf à l'anis étoilé 89, 183

Brocoli – En accompagnement 115

C
* * *

Cake amandes, chocolat
et dattes 152, 180, 181, 185

Canard

Confit de canard –
Idées pour le servir 79, 182

Magrets de canard séchés 38, 185

Tourte de dinde et de canard 76, 181, 185

Canneberges, Sauce aux 170

Caponata, *Pasta* à la 98, 184

Cappuccino de champignons 50, 185

Caramel à tartiner 166, 185

Carottes rôties 118

Carrés de truffe 150, 185

À l'alcool 150

À la menthe fraîche 150

Au thé à la bergamote 150

Casserole de poulet à la pancetta 71

Champignons

Cappuccino de champignons 50, 185

Fumet de
champignons 48, 182, 183, 184, 185

Salade de fenouil, champignons
et parmesan 36, 181, 182, 184

Champvallon (Oignons, cubes de
viande, pommes de terre) 84, 181, 183

Chèvre

Poulet au fromage
et aux légumes rôtis 68, 181, 183

Soufflés au fromage
en deux temps 56, 180, 181

Chips de prosciutto 30

Chocolat

Cake amandes, chocolat
et dattes 152, 180, 181, 185

Carrés de truffe 150, 185

Carrés de truffe à l'alcool 150

Carrés de truffe à la menthe fraîche 150

Carrés de truffe
au thé à la bergamote 150

Ganache 158

Gâteau de fête au chocolat 158, 180, 185

Pots de crème
au chocolat 154, 181, 182, 183, 185

Parfumée à la cardamome 154

Pouding vapeur
au chocolat épicé 156, 185

Sauce au chocolat 170, 184

Sirop au chocolat 170

Chou-fleur rôti 118

Citrons

Gâteau soufflé au citron 164

Gremolata 90, 183

Huile au citron 176, 185

Citronnelle – Comment la parer 66

Compote de poivrons et tomates 120

Confit de canard –
Idées pour le servir 79, 182

Coulis de fraises 173

Coulis de framboises 173

Courges

Courges rôties 118

Potage à la courge musquée 47, 183, 185

Courgettes et tomates, Tian 112, 181

Cresson

Salade de cresson nipponne 35, 182, 184

Salade de pommes de terre tièdes
à la moutarde 124, 183

Crevettes

Crevettes sautées,
émulsion de gingembre 64, 182

Salade de cresson nipponne 35, 182, 184

Croustillant pommes pacanes 160, 180, 183

Croûtons

Bruschettas ou crostinis 172

Croûtons en dés 172

Croûtons pita 172

Pain baguette ou ficelle grillé 172

Plateau pour l'apéro
sans trop cuisiner 12, 182, 183, 184

D
* * *

Dattes, Cake amandes,
chocolat et 152, 180, 181, 185

Desserts 130-167

Dinde

Escalopes de dinde *piccata* 72, 185

Poitrine de dinde
au pamplemousse 74, 185

Tourte de dinde et de canard 76, 181, 185

E

* * *

Émulsion de gingembre 64

Entrées et soupes 22-51

Épices – En rehausser la saveur 173

Épinards

    Épinards – En accompagnement 114

    Pâtes à la saucisse

      et aux épinards 100, 184

    Salade de cresson nipponne 35, 182, 184

Escalopes de dinde *piccata* 72, 185

F

* * *

Fenouils

    Fenouil – Comment le parer 173

    Fenouil rôti 118

    Osso buco au fenouil

      avec gremolata 90, 181, 183

    Salade de fenouil, champignons

      et parmesan 36, 181, 182, 184

    Salade de fenouil

      et pommes 36, 181, 182, 184

Figues

    Mousse de foies de volaille

      aux figues 21, 185

    Saucisses aux figues 82

Filet de porc à l'asiatique 80, 181, 184

Focaccia 103

Fraises, Coulis de 173

Framboises

    Coulis de framboises 173

    Mousse de fromage aux petits fruits 135

Fromages

    Asperges rôties au parmesan 25

    Fromage –

      Des idées pour le servir 175, 180, 182

    Grilled cheese 108, 181

    Mousse de fromage aux petits fruits 135

    Parmesan – Comment lever

      des copeaux 178

    Pasta pepe e cacio 96, 181, 182, 184

    Pâtes au poivre et au fromage 96

    Plateau pour l'apéro

      sans trop cuisiner 12, 182, 183, 184

    Poulet au fromage

      et aux légumes rôtis 68, 181, 183

    Salade de fenouil, champignons

      et parmesan 36, 181, 182, 184

Salade de verdure, vinaigrette

    au parmesan 30, 181, 182, 183, 184

Sauce au parmesan 94

Soufflés au chèvre 56

Soufflés au fromage

    en deux temps 56, 180, 181

Un restant de fromage 175

Fumet de champignons 48, 182, 183, 184, 185

G

* * *

Ganache 158

Gâteau de fête au chocolat 158, 180, 185

Gâteau soufflé au citron 164

Gelée d'agrumes 140, 180, 183

Gelées de jus de fruits

    pour les petits 142, 180

Gibier

    Champvallon 84, 181, 183

Gingembre, Crevettes sautées,

    émulsion de 64, 182

Gremolata 90, 183

Grilled cheese 108, 181

Grissinis 16, 185

H

* * *

Hachis d'agneau 86

Haricots verts rôtis 118, 182, 185

Hors-d'œuvre *voir* Amuse-bouches

Huiles

    Huile au citron 176, 185

    Huile pimentée 176, 185

Huîtres 40, 183, 185

    Chaudes 40

    Froides 40

J

* * *

Jambon, Ramequins d'œufs et 54, 180

L

* * *

Légumes rôtis 116-119, 184

    Ail confit 117

    Asperges rôties 118, 180

    Asperges rôties au parmesan 25

    Betteraves rôties 118

Carottes et panais rôtis 118

Chou-fleur rôti 118

Courges rôties 118

Fenouil rôti 118

Haricots verts rôtis 118, 185

Oignons rôtis 118

Patates douces rôties 118

Poireaux rôtis à la menthe 25, 183

Pommes de terre rôties 118

Poulet au fromage

    et aux légumes rôtis 68, 181, 183

Tomates cerises rôties 118

Légumes verts 114-115, 182

    Bok choy 114, 182, 183

    Brocoli 115

    Épinards 114

    Rapinis 115, 182

Lentilles, Potée de 126

Litchis, Yaourt glacé aux 136, 182, 184

M

* * *

Magrets de canard séchés 38, 185

Mandarine, Sorbet à la 138, 180, 181, 182, 184

Mangues

    Mangue – Comment la peler 32

    Salade de tomates et mangues 32, 182

    Tartes fines mangues

      et frangipane 163, 183, 184

Mayonnaise 178

Melon

    Plateau pour l'apéro

      sans trop cuisiner 12, 182, 183, 184

Menthe

    Poireaux rôtis à la menthe 25, 183

    Sauce tomate à la menthe 94

Minestrone 42, 185

Mousse de foies de volaille

    aux figues 21, 185

Mousse de fromage aux petits fruits 135

Mousse de saumon fumé 18, 185

N

* * *

Noix

    Plateau pour l'apéro

      sans trop cuisiner 12, 182, 183, 184

    Noix *voir aussi* Amandes; Pacanes

O

* * *

Œufs

Pizza à l'œuf 104, 181, 184

Plateau pour l'apéro

sans trop cuisiner 12, 182, 183, 184

Potage aux œufs 44

Ramequins d'œufs et jambon 54, 180

Soufflés au fromage

en deux temps 56, 180, 181

Soupe aux œufs à la chinoise 44, 182, 184

Stracciatella 44, 182, 183

Oignons

Oignons rôtis 118

Pissaladière 106, 181, 184

Pizza à l'oignon 106

Olives

Olives au martini 14, 184

Olives – Comment les dénoyauter 14

Tartinade d'olives noires 14

Oranges

Gelée d'agrumes 140, 180, 183

Gelées de jus de fruits

pour les petits 142, 180

Gremolata 90, 183

Prise du jour, sauce à l'orange 63, 182

Osso buco au fenouil

avec gremolata 90, 181, 183

P

* * *

Pacanes, Croustillant pommes 160, 180, 183

Palets de saumon à l'orientale 60, 181, 182

Palets de saumon à la dijonnaise 60, 181

Pamplemousse, Poitrine de dinde au 74, 185

Panais rôtis 118

Pancetta, Casserole de poulet à la 71

Panna cotta 132, 183, 184

Parmesan

Asperges rôties au parmesan 25

Parmesan –

Comment lever des copeaux 170

Plateau pour l'apéro

sans trop cuisiner 12, 182, 183, 184

Salade de fenouil, champignons

et parmesan 36, 181, 182, 184

Salade de verdure, vinaigrette

au parmesan 30, 181, 182, 183, 184

Sauce au parmesan 94

Pasta à la caponata (À l'aubergine) 98, 184

Pasta pepe e cacio (Pâtes au poivre

et au fromage) 96, 181, 182, 184

Patates douces

Patates douces rôties 118

Purée de patates douces 123, 185

Pâte à pizza

Focaccia 103

Grissinis 16, 185

Pâte à pizza – Recette de base 103

Pâte à pizza *voir* Pizzas

Pâte brisée 179

Pâtes

À l'aubergine 98

Pasta à la caponata 98, 184

Pasta pepe e cacio 96, 181, 182, 184

Pâtes à la saucisse

et aux épinards 100, 184

Pâtes au poivre et au fromage 96

Pâtes, pizzas

et sandwichs grillés 92-109, 181

Peperonata (Compote de poivrons

et tomates) 120, 181, 183

Pétoncles

Salade de cresson nipponne 35, 182, 184

Pissaladière

(Pizza à l'oignon) 106, 181, 184

Pizzas

Pâte à pizza 103

Pissaladière 106, 181, 184

Pizza à l'œuf 104, 181, 184

Pizza à l'oignon 106

Plateau pour l'apéro

sans trop cuisiner 12, 182, 183, 184

Plats principaux 52-109

Poireaux rôtis à la menthe 25, 183

Poires

Poires pochées

au miel épicé 146, 182, 183, 185

Tartes fines mangues

et frangipane (Variante) 163, 183, 184

Poissons et fruits de mer

Crevettes sautées,

émulsion de gingembre 64, 182

Mousse de saumon fumé 18, 185

Palets de saumon à l'orientale 60, 181, 182

Palets de saumon à la dijonnaise 60, 181

Prise du jour, sauce à l'orange 63, 182

Salade de cresson nipponne 35, 182, 184

Saumon en croûte d'épices 58, 183

Poitrine de dinde au pamplemousse 74, 185

Poivrons

Compote de poivrons et tomates 120

Peperonata 120, 181, 183

Poivron – Comment le parer 179

Poivrons à la piémontaise 26

Polenta cuite au four 129, 181, 182, 183

Pommes

Croustillant

pommes pacanes 160, 180, 183

Salade de fenouil

et pommes 36, 181, 182, 184

Pommes de terre

Pommes de terre rôties 118

Purées de pommes

de terre 122, 182, 183, 185

À l'huile d'olive 122

À la moutarde 122

À la purée d'ail 122

À la roquette 122

Au citron 122

Au safran 122

Aux petits pois 122

Aux poireaux 122

Salade de pommes de terre tièdes

à la moutarde 124, 183

Porc

Champvallon 84, 181, 183

Filet de porc à l'asiatique 80, 181, 184

Ramequins d'œufs et jambon 54, 180

Potages

Potage à la courge musquée 47, 183, 185

Potage aux œufs 44

Potages *voir aussi* Soupes

Stracciatella 44, 182, 183

Potée de lentilles 126

Pots de crème

au chocolat 154, 181, 182, 183, 185

Parfumée à la cardamome 154

Pouding vapeur au chocolat épicé 156, 185

Poulet

Casserole de poulet à la pancetta 71

Escalope de dinde *piccata* 72, 182, 185

Mousse de foies de volaille

aux figues 21, 185

Poulet au fromage

et aux légumes rôtis 68, 181, 183

Poulet aux herbes 68

Soupe-repas asiatique

au poulet 66, 181, 184

Prise du jour, sauce à l'orange 63, 182

Prosciutto

    Chips de prosciutto 30

    Plateau pour l'apéro
        sans trop cuisiner 12, 182, 183, 184

Purées de légumes

    Purée de céleri-rave 123, 183, 185

    Purée de patates douces 123, 185

    Purées de pommes
        de terre 122, 182, 183, 185

    À l'huile d'olive 122

    À la moutarde 122

    À la purée d'ail 122

    À la roquette 122

    Au citron 122

    Au safran 122

    Aux petits pois 122

    Aux poireaux 122

R

* * *

Raisins

    Raisins au porto 144, 180, 182, 183, 184, 185

    Raisins glacés 144

    Saucisses italiennes aux raisins 82, 182

Ramequins d'œufs et jambon 54, 180

Rapinis – En accompagnement 115, 182

Riz basmati

    À la moutarde 128, 182

    Au sésame 128, 182

    Aux épices 128, 182

    Riz basmati brun 128, 182

Roquette

    Salade de pommes de terre tièdes
        à la moutarde 124, 183

    Salade de verdure, vinaigrette
        au parmesan 30, 181, 182, 183, 184

S

* * *

Salades

    Salade de betteraves
        braisées 34, 180, 183, 185

    Salade de cresson nipponne 35, 182, 184

    Salade de fenouil, champignons
        et parmesan 36, 181, 182, 184

Salade de fenouil
    et pommes 36, 181, 182, 184

Salade de pommes de terre tièdes
    à la moutarde 124, 183

Salade de tomates et mangues 32, 182

Salade de verdure, vinaigrette
    au parmesan 30, 181, 183, 184

Sandwich aux légumes,
    au confit et à la sauce hoisin 79

Sandwichs grillés *voir* Grilled cheese

Sauce à l'orange 63

Sauce au chocolat 170, 184

Sauce au parmesan 94

Sauce au vinaigre balsamique 68

Sauce aux canneberges 170, 185

Sauce tomate

    Sauce tomate – Recette de base 94

    Sauce tomate à la menthe 94

    Sauce tomate à la sauce
        au parmesan 94, 181

    Sauce tomate rapide 104

Saucisses

    Pâtes à la saucisse
        et aux épinards 100, 184

    Saucisses aux figues 82

    Saucisses italiennes aux raisins 82, 182

Saucissons

    Plateau pour l'apéro
        sans trop cuisiner 12, 182, 183, 184

Saumon

    Mousse de saumon fumé 18, 185

    Palets de saumon à l'orientale 60, 181, 182

    Palets de saumon à la dijonnaise 60, 181

    Saumon en croûte d'épices 58, 183

Sirop au chocolat 170

Sorbet à la mandarine 138, 180, 181, 182, 184

Soufflés au chèvre 56

Soufflés au fromage
    en deux temps 56, 180, 181

Stracciatella (Potage aux œufs) 44, 182, 183

Soupes

    Cappuccino de champignons 50, 185

    Fumet de
        champignons 48, 182, 183, 184, 185

    Minestrone 42, 185

    Potage à la courge musquée 47, 183, 185

    Soupe aux œufs à la chinoise 44, 182, 184

    Soupe-repas asiatique
        au poulet 66, 181, 184

    Soupes *voir aussi* Potages

T

* * *

Tapenade *voir* Tartinade d'olives noires

Tartes fines mangues
    et frangipane 163, 183, 184

Tartes salées

    Pissaladière 106, 181, 184

    Tourte de dinde et de canard 76, 181, 185

Tartinade d'olives noires 14

Tian courgettes et tomates 112, 181

Tomates

    Compote de poivrons et tomates 120

    Pissaladière 106, 181, 184

    Salade de tomates et mangues 32, 182

    Sauce tomate 94

    Sauce tomate à la menthe 94

    Sauce tomate à la sauce
        au parmesan 94, 181

    Sauce tomate rapide 104

    Tian courgettes et tomates 112, 181

    Tomate – Comment la parer 179

    Tomates cerises rôties 118

Tourte de dinde et de canard 76, 181, 185

Tuiles croustillantes
    au Rice Krispies 138, 184

V

* * *

Veau

    Osso buco au fenouil
        avec gremolata 90, 181, 183

Viandes *voir* Agneau; Bœuf; Porc;
    Saucisses; Veau

Vinaigrette au parmesan 30

Vinaigrette nipponne 35

Volaille *voir* Canard; Dinde; Poulet

Y

* * *

Yaourt glacé aux litchis 136, 182, 184